Eine kulinarische

Entdeckungsreise

Lily Grynstock · Martine Maurer · Xenia Bluhm

Eine kulinarische Entdeckungsreise

DURCH WIENS INTERNATIONALE KÜCHE

UMSCHAU

Inhalt

ALIENS

EP:
www.kurzundgut.at
A-10.159

Inhalt

oper für kinder
mobilkom austria
HOTEL BRISTOL
Arzneimittel Aventis

50 KAFFEEs
70 TEEs
MACHEN SIE EINE REISE UM
DIE WELT!
JAMAIKA, PAPUA NEUGUINEA,
HAITI, KENIA, BRASILIEN, PERU

WIEN

Wiener Bezirke

1 Innere Stadt
2 Leopoldstadt
3 Landstraße
4 Wieden
5 Margareten
6 Mariahilf
7 Neubau
8 Josefstadt
9 Alsergrund
10 Favoriten
11 Simmering
12 Meidling
13 Hietzing
14 Penzing
15 Rudolfsheim-Fünfhaus
16 Ottakring
17 Hernals
18 Währing
19 Döbling
20 Brigittenau
21 Floridsdorf
22 Donaustadt
23 Liesing

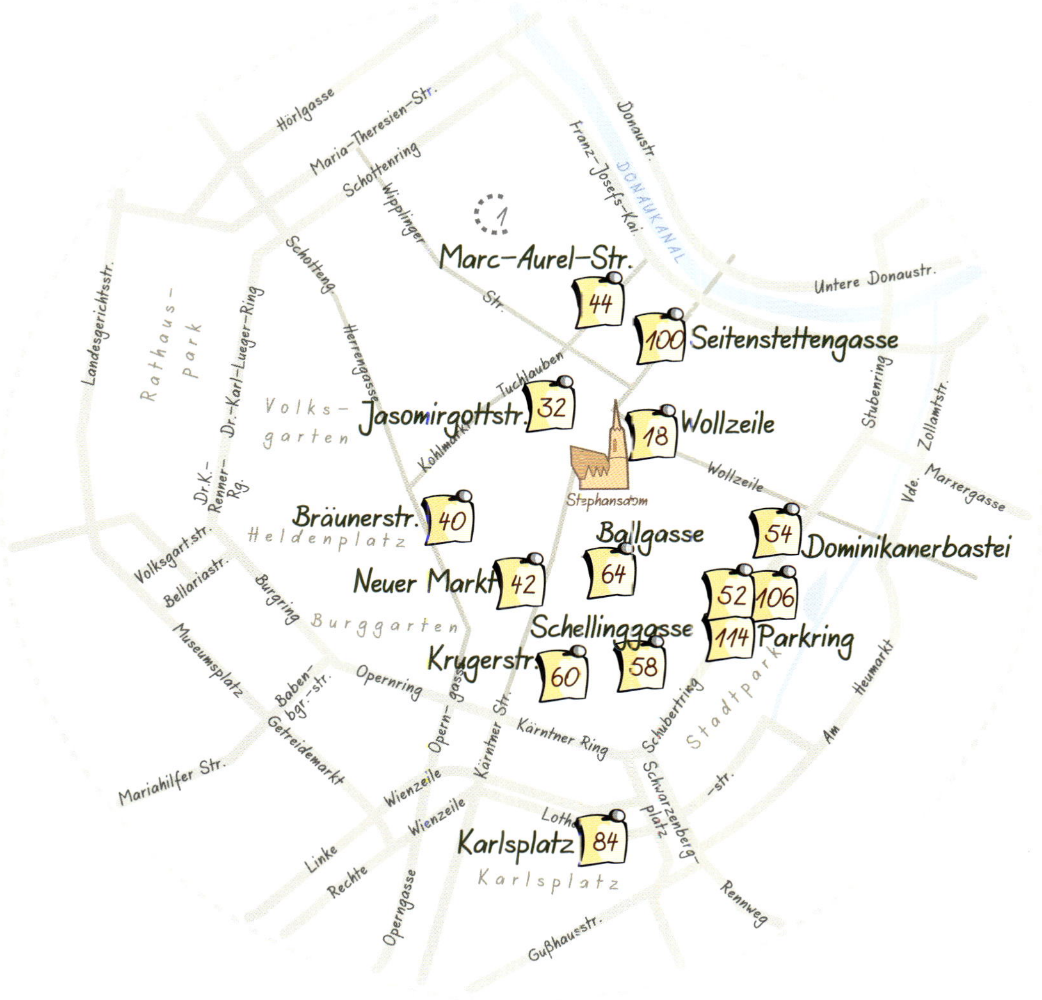

Die Zahlen 128 sind identisch mit den Seitenzahlen der einzelnen Betriebe in diesem Buch und bezeichnen ihre Lage in Wien.

Wien – die internationale Stadt

Hop On Hop Off
VIENNA SIGHTSEEING
simply the best
Stadtrundfahrt
Tickets hier / here
A 5850

Wien – die internationale Stadt

„Wien, Wien, nur Du allein, sollst stets die Stadt meiner Träume sein," so lautet die erste Zeile eines der bekanntesten Wienlieder. Diese Stadt ist nicht mehr nur der Traum ihrer Ein- und Bewohner, sondern in hohem Maße (Tendenz steigend) von zahlreichen ausländischen Gästen, die regelrecht nach Wien pilgern, um sich zwischen k.&k.-Nostalgie und Moderne zu amüsieren. Im Jahre 2004 waren es runde 8,5 Millionen Touristen aus dem nahen und fernen Ausland, die nach Wien gekommen sind – für das Jahr 2010 rechnet man mit über 10 Millionen Besuchern. Wien ist die lebenswerteste Stadt innerhalb der EU. Hier ist die Lebensqualität am höchsten, weltweit gesehen, hinter der kanadischen Stadt Vancouver, am zweitbesten. Warum?

Wien ist eine kleine Weltstadt, die aber dennoch alle Annehmlichkeiten einer solchen bietet. Ein breites Kunst- und Kulturangebot, historische Sehenswürdigkeiten, prachtvolle Schlösser, den Wienerwald als „grünen Gürtel" rund um die Stadt und eine Sicherheit, die andere Großstädte heutzutage beileibe nicht bieten können. Doch Wien setzt schon lange nicht nur auf seine große Vergangenheit, um ausländische Gäste anzulocken – auch das moderne Großstadtleben hat Einzug gehalten – man beachte nur die immer größer werdende Skyline hochtechnischer Wolkenkratzer an der Donau oder das renovierte Museumsquartier, das neben barocken Gebäuden auf eine gelungene Verbindung mit Hightech-Architektur des 21. Jahrhunderts verweist. Es sind nicht nur das traditionelle Neujahrskonzert der Wiener Philharmoniker, schon immer ein kräftiger Anziehungspunkt für viele Besucher, oder die Staatsoper sowie Premieren im Burgtheater, die Besucher locken. Nein, neu etablierten sich bestens der City Marathon oder das Donauinselfest im Sommer, das zigtausende Menschen vor allem der jüngeren Generation nach Wien zieht.

Diese stärker werdende moderne Ausrichtung begann eigentlich schon in den fünfziger Jahren, als Wien begonnen hat, sich als

Parlament

Blick auf den Donaukanal mit Riesenrad

Niederlassung internationaler Organisationen zu etablieren. Die IAEO startete 1956 in Wien, gefolgt von der OPEC 1965, der Eröffnung des UNO-Gebäudes am nördlichen Donauufer 1979 und kurz danach der Errichtung des internationalen Konferenzzentrums. Wien wurde somit, hinter New York und Genf, zur dritten UNO-Stadt der Welt und ist schon längst nicht nur ein für Österreich überregionales, sondern bereits ein internationales Zentrum geworden. Schon zur Zeit des Bestehens des „Eisernen Vorhanges" war Wien, wie auch schon viele Jahrhunderte zuvor, die Brücke zwischen dem europäischen Westen und Osten. Seit der Aufhebung dieser Sperre sind die Verbindungen zwischen Wien und seinen Nachbarstädten wie Prag oder Budapest nur noch stärker geworden. Beispielhaft dafür sei folgende Zahl: Rund ein Drittel aller Menschen, die heute in Wien leben, sind Migranten aus Osteuropa – allen voran aus den Ländern Tschechien, Slowakei oder Ungarn. Das UNO-Center, die OPEC, die vielen Touristen aus aller Herren Länder und die Tatsache, dass sich jedes zweite ausländische Unternehmen Wien als Standort aussucht, haben eine schwungvolle, international bunt gefärbte Linie in das Stadtbild gebracht. Demzufolge blieb auch die Gastronomie davon nicht unberührt: Es versteht sich von selbst, dass der Zuzug so vieler verschiedener Nationalitäten auch in einer „essbaren" Vielfalt seinen Niederschlag findet. Die ursprüngliche Wiener Küche, selbst bereits ein großes Gemisch aus östlichen bis hin zu italienischen oder französischen Einflüssen, wurde in den letzten Jahren stets durch neue gastronomische Akzente bereichert. Die in die-

Hundertwasserhaus

sem Buch beschriebenen internationalen Lokale haben alle eines gemeinsam – eine hohe Authentizität und eine hervorragende Qualität der jeweiligen Landesküche. Nachdem die Wiener sehr gerne essen und genießen, aber auch schnelle Kritiker sind, wenn es nicht passt, hat die Verwendung von frischen und echten Grundstoffen, gepaart mit internationaler Kochkunst, stark zugenommen und Speisen aus der ganzen Welt sind in Wien heute ganz selbstverständlich vertreten. Auch die Inhaltsstoffe selbst, seien es Gewürze, exotische Früchte, Fischspezialitäten, seltene Gemüsesorten oder asiatische Saucen sind teilweise in Spezialitätengeschäften oder auf den Wiener Märkten, allen voran der Naschmarkt, leicht erhältlich. So ist sichergestellt, dass sich die Wiener Bevölkerung, aber auch alle Menschen aus anderen Nationen, die hier leben, auf das Optimalste mit neuen oder auch vertrauten Ingredienzien versorgen können. Es steht außer Frage, dass Wien, schon immer Drehscheibe zwischen Ost und West, es auch verstanden hat, sich als solche in der heutigen Zeit bestens zu etablieren.
MM

Fiaker

Staatsoper

Stephansdom

Unocity

Theehandlung Joh. Schönbichler

Theehandlung
Joh. Schönbichler

Wollzeile 4
A-1010 Wien

Telefon 00 43 (0) 1 / 512 18 16
Telefax 00 43 (0) 1 / 512 18 16-20

In der belebten Wollzeile in der Wiener City gibt es ein Geschäft, das wie kaum ein anderes Tradition, gehobenen Lebensstil und den Hauch vergangener Zeiten der Kolonialwelten verströmt: Beim „Schönbichler" findet der anspruchsvolle Konsument die wohl größte Auswahl an internationalen Teesorten und Spirituosen. Bereits 1870 war das Gründungsjahr des ehrwürdigen Geschäftes, das immer auf Kolonialwaren spezialisiert war – damals gab es auch noch eine Auswahl an Weinbränden, die aus eigener Produktion stammten. Theehandlung Joh. Schönbichler – das Traditionshaus für feinen Tee und Spirituosen – hat zum März 2006 einen neuen Inhaber. Frau Sylvia Danzinger, Teefachfrau und erfolgreiche Partnerin des weltweiten Marktführers des Teefachhandels, TeeGschwendner, wird die Tradition des Fachhandels weiterführen und so die Wiener Institution in Sachen Tee und Spirituosen erhalten und weiter ausbauen. Frau Danzinger: „Es ist mir Freude und Ansporn zugleich, im Sinne der Gründerfamilie das Sortiment zu pflegen und weiterzuentwickeln. Die Theehandlung Schönbichler ist der Mittelpunkt der Wiener Teegesellschaft."

Tee ist zweifellos das Hauptgeschäft des wunderschönen Ladens, der mit viel Liebe zum Detail 1970 zum 100-Jahr-Jubiläum leicht umgebaut wurde und dessen Kolonialstil mit viel Holz und einer gediegenen, gemütlichen Einrichtung beibehalten wurde. Schönbichler führt eine große Anzahl an verschiedenen feinen Teesorten: Angefangen von frischen Schwarztees, klassischen Teelinien sowie Früchte- und Kräutertees, halten nun auch blumige Darjeelings, kräftige Frühstückstees aus Assam oder auch stärkere, in Österreich immer beliebter werdende ostfriesische Mischungen Einzug.

„Beeinflusst vom Zunehmen der japanischen Küche werden auch diverse Grüntees im Sinne der Gesundheits- und Wellness-Schiene immer gefragter", erklärt Frau Danzinger. Besonders stolz ist man beim Schönbichler vor allem auf die zahlreichen Stammkunden, die einen sehr hohen Anteil der Kundschaft ausmachen. Hier kaufen oft ganze Familiengenerationen ein und haben ihre eigene Familienmischung, die oft schon seit

100 Jahren gemischt wird und deren genaue Rezepturen in einem eigenen Buch bei Schönbichler vermerkt sind. Die Kunden, oft schon in dritten Generation, werden von einem erstklassigen Fachpersonal verwöhnt – Herr Felber beispielsweise ist seit 1978 im Betrieb, kennt alle Kunden persönlich und ist damit schon zu einer Institution des Hauses geworden. „Echte Kundengespräche sind uns wichtig, eine intensive Betreuung der Kunden mit einer perfekten Beratung gehört seit ewig zum Service unseres Betriebes", so Sylvia Danzinger über die Vorzüge der langjährigen Mitarbeiter, die neben den erstklassigen Produkten mit ihrer Kompetenz beispielhaft für die erfolgreiche Situation des wunderschönen, edlen Geschäftes sind. Einer dieser langjährigen Mitarbeiter ist auch für die Spirituosen zuständig, bei denen Whiskey eindeutig dominiert, aber auch Jahrgangscalvados, Cognac oder herrliche Armagnac-Sorten zur Auswahl stehen. Ebenso vielfältig wie die speziellen Tees sind auch das feine Porzellan und die Teeservice, die einerseits aus hochwertigen englischen Linien, aber auch aus klassischem chinesischen oder japanischen Porzellan bestehen. Jede Teesorte verlangt nach einer eigenen Tasse, dies reicht von feinen asiatischen Tassen bis zu den kräftigeren, größeren Schalen aus England. Das äußerst delikate Produktsortiment wird ergänzt durch feinste Konfitüren, hauptsächlich britischer Provenienz aus dem Hause „Wilkin", wobei man über 30 süße Sorten anbietet. 3-4 Sorten der Eigenmarke Schönbichler stehen ebenfalls frisch für Frühstück oder Teestunde bereit. Wenn man sich in die weite Welt der feinsten Tees und Spirituosen begeben will, ist man bei Schönbichler an der richtigen Adresse: Zudem gibt es immer wieder Präsentationen und Verkostungen für diese hochwertigen Produkte, die eine Vertiefung der Kenntnisse und aufregende Geschmackserlebnisse garantieren.

MM

Schönbichlers Grüntee-Caipirinha-Bowle

Zutaten

8 Limetten
Rohrzucker
Schönbichler Teemischung „Limettino"
3 Flaschen Prosecco
1/3 l Schönbichlers Jamaika Rum
Eiswürfel

Zubereitung

Für eine große Bowleschüssel, ca. 5 Liter, 60 g Tee auf 1 Liter Wasser als Konzentrat zubereiten. Das aufgekochte Wasser 5 Minuten abkühlen lassen, Ziehzeit 1,5 Minuten und den Tee kaltstellen. Heiß gewaschene Limetten (Wachsschicht entfernen) und Zucker in einem Glas zerstoßen. Pro Limette verwenden Sie 3-4 TL Zucker. Zerstoßenes Limetten-Zuckergemisch in die Schüssel füllen, Grünteekonzentrat darüber gießen, mit Prosecco und Jamaika Rum auffüllen. Vor dem Servieren 1 Liter Wasser in Form von Eiswürfeln hinzugeben.

Weltcafé

Weltcafé
Prugger & Mock GmbH

Schwarzspanierstraße 15
A-1090 Wien

Telefon 00 43 (0) 1 / 405 37 41

Drei engagierte junge Südtiroler fanden sich zusammen, um ein großes Ideal im Kleinen zu verwirklichen. Sie taten dies so geschickt, dass daraus wie von selbst ein richtungweisendes Unternehmen wurde, und das in mehr als einer Hinsicht.
Ausgangspunkt war, das Konzept der Weltläden auf ein Lokal anzuwenden. Die Weltläden sind Geschäfte, die ausschließlich Fair Trade-Produkte anbieten. Fair Trade heißt „fairer Handel" und bedeutet, dass die Produzenten in den Ländern der Dritten Welt nicht länger ausgebeutet, sondern endlich gerecht entlohnt werden. Die Produktpalette ist enorm groß und reicht vom Kunsthandwerk bis zur ökologisch und ökonomisch einwandfreien Schokolade. „Mit dem Weltcafé möchten wir einerseits den Fair Trade direkt fördern, andererseits aber vor allem auf die Tatsache hinweisen, dass man etwas gegen die Ungerechtigkeit tun kann", sagt Miriam Prugger, eine der Leiterinnen des ersten Weltcafés Österreichs. Gemeinsam mit ihrem Bruder und dessen Lebensgefährtin gründete sie das Weltcafé Ende 2005. „Vor allem junge Menschen, die unser Hauptpublikum sind, möchten wir auf Fair Trade aufmerksam machen." Um Aufmerksamkeit zu erregen, bedarf es natürlich weit mehr als „nur" eines politisch beispielhaften Konzeptes. Vor allem die Qualität muss stimmen, um erfolgreich bestehen zu können. Im Weltcafé, gleich hinter der Wiener Uni gelegen, sorgen dafür Köche aus Mexiko und Nepal, die auch Spezialitäten aus ihrer

Heimat zubereiten. Besonders beliebt ist der Street-Brunch, der jeden Sonntag stattfindet und von StraßenmusikerInnen live begleitet wird. Essen kann man die internationalen Spezialitäten außer an großen Tafeln im vorderen Teil des Restaurants auch in der marokkanischen Ecke, wo riesige Sofas, Korbwürfel und Mosaiktische zum Verweilen einladen. Zum entspannten Genießen kann man unter der Zeltdecke bis 22 Uhr orientalisch, indonesisch, mexikanisch oder afrikanisch frühstücken. Die marokkanische Ecke wird bei Bedarf sogar zum Kinosaal, denn das Weltcafé ist auch ein Eventlokal. Bilder interessanter junger Künstler aus fernen Ländern werden präsentiert, wobei die Lokalbetreiber eng mit dem Afro-Asiatischen-Institut der Universität Wien zusammen arbeiten. Aber auch Kunst von MigrantInnen und ÖsterreicherInnen wird geboten. Und samstags wird das Weltcafé zum Dance-Floor mit internationalen DJs. Zum Guaranito Rum passend, gibt's dann den prasselnden Rhythmus, zur Batida del mundo die erdigen Beats.

Auch einheimische Produkte werden angeboten, sofern sie den Qualitätskriterien entsprechen. Schladminger Bier ist trotz seiner Güte nicht überall erhältlich, im urban-schicken Weltcafé tritt es gegen Dinkel- und Hanfbier an und fügt sich wunderbar ein. Der Begriff „ethische Qualität" wurde hier geprägt. Er bedeutet, Handel als Partnerschaft zu verstehen, „die auf Dialog, Transparenz und Respekt beruht und einen aktiven Beitrag zu nachhaltiger Entwicklung leistet."
Fairer Handel statt Almosen – das schmeckt, riecht, klingt, das tut ganz besonders gut. Und schön ist es auch.
LG

Migas

Zutaten

2 EL Butter
6 Knoblauchzehen, zerdrückt
1 grüne Chilischote, entkernt, gehackt
1 1/2 TL gemahlener Kreuzkümmel
6 reife Tomaten grob gehackt
8 Eier, verquirlt
8–10 Maismehl-Tortillas, in Streifen, knusprig gebraten oder nicht zu salzige Tortilla-Chips
4 EL gehackter Koriander
3–4 Frühlingszwiebeln, in feine Ringe geschnitten
mildes Chilipulver

Zubereitung

1 EL Butter erhitzen, Knoblauch und Chili darin weich dünsten, nicht bräunen. Kreuzkümmel zugeben, 30 Sekunden rühren und mitrösten. Tomaten beifügen, bei mittlerer Hitze 3–4 Minuten kochen, bis der Saft verdampft ist. Beiseite stellen. Restliche Butter bei kleiner Hitze schmelzen. Eier zugeben, unter Rühren bis zum Stocken braten. Die Chili-Tomaten-Mischung vorsichtig mit den Eiern verrühren. Tortillastreifen oder Chips zugeben, bis zur gewünschten Konsistenz (locker bissfest) weiter braten. Auf Portionsteller verteilen, mit Koriander, Zwiebelringen und Chilipulver garnieren und servieren.
Tipp: Etwas saure Sahne oder Crème Fraîche auf die warmen Eier geben und schmelzen lassen.

Stephansplatz

Flohmarkt

Wien, Schmelztiegel vieler Nationen seit dem 11. Jahrhundert, hat selbst eine Küche hervorgebracht, die aus dem bunten Gemisch der zahlreichen Völker, die im Laufe der Geschichte diese Stadt passierten, entstanden ist. So ist es auch nicht weiter erstaunlich, dass sich heute nahezu jede europäische Nationalität mit ihren Speisen in Wien auftreiben lässt. Grundsätzlich „daheim“ sind hier die Küchen aus Ungarn, Böhmen, Tschechoslowakei, den Balkanländern und damit auch dem ehemaligen Jugoslawien. Aus der Kochkunst all dieser Länder entstand allmählich die so genannte „Wiener Küche“ und in der langen Regierungszeit der Habsburger kamen schon damals starke Einflüsse der französischen und italienischen Küche hinzu, deren Genuss jedoch dem Adel und dem reichen Bürgertum vorerst vorbehalten blieb. Vor allem in der prunkvollen Barockzeit lebte die feine französische Küche bei Hofe auf, um dann, Jahre später und aus Kostengründen verändert, auch ein breiteres Publikum im Volk zu finden.

Grundsätzlich wird in Wien vor allem jene Küche gut aufgenommen, die schmackhafte Fleischspeisen hervorbringt, denn Fleisch wird hier bevorzugt verspeist. Eine Hauptspeise ohne Fleisch ist sogar heute noch weitgehend selten, auch wenn ein Trend zu gesunder, gemüsebetonter Küchenführung bereits eingesetzt hat. Demzufolge findet sich in Wien jede Küche aus Europa, deren Image und Prestige aber sicher heute noch von der französischen Küche dominiert wird. Wenige, aber sehr exquisite Lokale in Wien, beweisen dies eindrucksvoll. Weitaus häufiger, ja nahezu überall und in erstaunlicher Dichte, findet man in Wien den „Italiener“, von dem jeder Wiener ein Lieblingslokal, nämlich „seinen“ Italiener hat. Die italienische Küche scheint überhaupt ein Liebkind der Österreicher, aber auch der Wiener zu sein – man findet großen Gefallen an Pastagerichten in ihren unzähligen Varianten, dem Bestseller Pizza, die von Jugendlichen fast täglich gegessen wird, den knackigen Salaten, frischen Fischen,

hinreißenden Desserts, der reichen Käseauswahl und natürlich auch an den leichten Tischweinen oder den gehaltvolleren Qualitätsweinen dieses Nachbarlandes. Nachdem Essen und Trinken in Wien einen sehr hohen Stellenwert hat, übernehmen die Einwohner auch gerne Speisen oder Getränke, die sie aus ihrem Urlaub kennen oder eben erst kennen gelernt haben. Demzufolge konnte sich in Wien auch eine große griechische Gastronomie-Szene etablieren, die sich regen Zuspruchs erfreut. Gegrilltes Fleisch, köstliche Gemüsegerichte oder den berühmten griechischen Schafkäse mit Oliven oder Salaten kombiniert, kennt man gut in Wien und derlei Speisen werden, ebenso wie viele Gerichte der italienischen Küche, auch oft daheim selbst zubereitet. Erfreulicherweise ist derzeit der Pro-Kopf-Verbrauch an Fisch in Österreich im Steigen begriffen und damit verbunden gibt es in zahlreichen italienischen, griechischen, spanischen und französischen Lokalen ein köstliches und breit gefächertes Angebot an Fisch- oder Meeresfrüchte-Spezialitäten, die meist auf mediterrane oder auch ungarische Art zubereitet und genossen werden. Ist auch der Einfluss von Italien, Frankreich, Griechenland oder auch Spanien und den osteuropäischen Ländern kulinarisch in Wien sehr stark, so fehlt die englische oder auch deutsche Küche zur Gänze. Lediglich einzelne Delikatessen aus England werden selektiert: So z.B. die hervorragenden Teesorten und die dazupassenden Kekse, feine Marmeladen oder Sandwiches, die man in Wien wie überall anders auf der Welt zwischendurch als Snack gerne isst. Es ist wahrlich leicht, in Wien die ganze Bandbreite europäischer Küche auf unterschiedlichste Art zu genießen: Sei es an einem kleinen Take-Away-Stand oder in einem gepflegten, schönen Restaurant – Genuss und bunte Vielfalt sind in jedem Fall garantiert.

ESKIMO
E 42
Nestlé
Schöller

WILKIN & SONS LTD
Tiptree
OLD TIMES' ORANGE
TIPTREE · ESSEX · ENGLAND
TWININGS
Classics
ENGLISH BREAKFAST
Proven to naturally redu
QUAKER
OATS

EUROPA

RABARBER
ZUCKER ERBSEN

ARTISCHOKE
RISPEN TOMATEN

BOBBY'S
SUPERMARKET

GELATERIA ITALIANA
Tüten:
€ 1,50 € 2,00 € 2,50
Becher: € 1,50 € 2,00 € 2,50 € 3,50 € 6,90
KAFFEE
TIRAMISU
BANANE
PISTAZIE
MANGO
CAPPUCCINO
GRÜNER APFEL
JOGHURT
ZITRONE
SCHOKOLADE
VANILLE
KOKOSNUSS
HASELNUSS
ERDBEER
HEIDELBEERE
STRACCIATELLA

Accademia del Caffè

Accademia del Caffè
Gastronomiebetriebs GmbH
Sunny Cavic

Schimmelgasse 12/2/1
A-1030 Wien

Telefon 00 43 (0) 1 / 714 18 79
Telefax 00 43 (0) 1 / 714 18 794

Kaffee gehört seit langer Zeit zum Alltag unterschiedlichster Kulturen und ist der Österreicher liebstes Genussmittel. Es verwundert also nicht, dass ausgerechnet in Wien eine Accademia del Caffè gegründet wurde, die diese Kultur des Kaffeegenusses auf die nächsthöhere Ebene hebt. Auf 120 m² wird in der Kaffeerösterei von Herrn Sunny Cavic mehr geboten, als nur eine Unzahl der besten Kaffeesorten der Welt. In der Accademia del Caffè findet man eine „Welt des Kaffees zum Staunen, Erleben und Genießen. So wie man irgendwann auf den Geschmack des Lieblingsweines kommt, bietet Accademia den Rahmen, um durch Verkostung auf die eigene Art des Kaffeegenusses zu kommen.“ Die Wahl der persönlichen Mischung verschiedener Kaffeesorten ist der Anfang des perfekten Kaffeegenusses und darum kann man in der Degustierzone unter fachkundiger Anleitung lernen, Kaffee wie ein Gourmet zu genießen und sich anschließend die eigene Mischung zusammenstellen lassen. In der Datenbank bleibt diese für alle Zeiten gespeichert, damit man die eigene Lieblingsrezeptur jederzeit auch in sehr kleinen Mengen nachbestellen kann.

Die Kaffeerösterei der Accademia del Caffè produziert Kaffee nach dem Aè-Prinzip, wie die Abkürzung des Unternehmens lautet. Die „5 M“ bestimmen die Regel nach italienischem Vorbild: 1. Mischung und Röstung (Miscela e Tostatura), 2. Mahlung und Dosierung (Macinatura e Dosatura), 3. Maschine (Macchina), 4. Handfertigkeit (Mano), 5. Wartung der Maschine (Manutenzione). Da hinter dem Konzept von Aè mit Herrn Cavic der Weltmeister der Barkeeper des Jahres 2001 steht, werden auch Schulungen für Profis in der Kaffeezubereitung angeboten und darüber hinaus erstellt Aè auch gut durchdachte Barkonzepte für Betriebe jeder Größe. „Con Brio ist das Konzept für 10 – 40 m² Betriebsfläche, Piazzetta für 40 – 80 m² und Del Centro für Lokale ab 80 m²“, sagt Herr Cavic. „Wir gehen von einer genauen Analyse des Standortes und der Kunden aus und schneidern dann das Barkonzept für den Betrieb nach Maß. Es gibt vier Hauptlinien zu jedem Konzept, nämlich die Kaffeelinie, die Getränkelinie, die Speiselinie und die Shop-in-Shop-Linie, wobei natürlich jede Hauptlinie wieder unterteilt ist, zum Beispiel gibt es Caffè Italiana, Caffè Motivi und Amore und so weiter.“ Dieses sehr genau durchdachte Konzept vergisst auch nicht Einschulungskurse für die Mitarbeiter der Betriebe und das passende Equipment vom Geschirr bis zum Werkzeug und den Kaffeemaschinen. Auch auf Co-Branding-Konzepte kann man zurückgreifen, so gibt es die Pasticceria, die Konditorei also, die Gelateria für Eis und die Cafeteria mit den verschiedenen Kaffeemischungen.
Aè-Konzepte zeichnen sich durch nicht-industrielle Produktion nach Kriterien des fairen Handels aus. Nur biologisch einwandfreie erstklassige Hochlandkaffees, die den Fair-Trade-Richtlinien entsprechen, werden ausgewählt und nach dem Aè-Prinzip geröstet. Es gibt Gourmet-Kaffees für jeden Geschmack und jede Gelegenheit. Neben der Möglichkeit, seine eigene Mischung zu kreieren, kann der Endverbraucher auch zwischen fertigen Mischungen der Spitzenkaffees wählen. Die Home-Linie etwa beinhaltet Röstungen für bestimmte Tageszeiten, die Luxury-Linie bietet sehr exklusive Kaffees für besondere Augenblicke, der Kahwa-Club ist orientalisch ausgerichtet und Gastronomie sowie Business haben ebenfalls ganz eigene Rezepturen.
Wer auf Kaffeekultur auf höchstem Niveau Wert legt, sollte es sich nicht nehmen lassen, einen persönlichen Degustationstermin zu vereinbaren, und sich bei dieser Gelegenheit die ganz eigene Mischung aus hochwertigen Blends zusammenstellen lassen. So wird Kaffeetrinken zum einzigartigen Gourmeterlebnis. LG

Caffè Cashmere aus der Linie Caffè Motivi

Für 1 Person

Zutaten

1 kleine Dose Caffè Espresso
2 cl Mentacreme
1 dl Milchschaum
2 cl Zimtaroma

Zubereitung

Mentacreme in ein Glas geben. Im Espressoautomaten den Espresso zubereiten und heiß über die Mentacreme gießen. Milch mit dem Zimtaroma vermengen und erwärmen, dann mit dem Schaumstab aufschäumen und auf den Kaffee geben.

Fischrestaurant Bodulo

Es war anfangs nicht leicht, sich als gehobenes Fischrestaurant in der so genannten Wiener Vorstadt zu etablieren. Doch schon der Vorbesitzer des Restaurants und später auch die jetzige Eigentümerin, Frau Mag. Tamara Jurasic Janjic, haben es durch Freundlichkeit, Fleiß und höchste Speisenqualität geschafft, sich und ihr Restaurant bei den zahlreichen Stammgästen sehr beliebt zu machen. „Wir haben fast 95% Stammgäste", erklärt Frau Mag. Jurasic Janjic ihr Publikum, das oft und immer wieder gerne die Köstlichkeiten der dalmatinischen Küche genießt. Diese Küche legt Schwerpunkt auf Fisch in jeder Variante – sei es gegrillt, pochiert, gekocht oder in Folie gegart. Das Lokal besteht aus drei Räumen mit mediterranem Touch und hoher Tisch- und Glaskultur. Gleich nach dem Entree sieht man die Fischvitrine, in der, bestens gekühlt und arrangiert, die frischen Fische oder Meeresfrüchte zur Auswahl stehen. „Die Gäste können sich bei uns alles selbst aussuchen", sagt Frau Tamara, „wir legen großen Wert darauf, auch jeden individuellen Gästewunsch jenseits der Speisekarte gerne zu erfüllen". Diese Karte ist umfangreich und wird von Frau Tamara oft und auch saisonal gewechselt. Manche Speisen bleiben aber bestehen, da dies die Stammkunden wünschen und schätzen. Wem die Wahl zwischen den vielen verschiedenen Fischsorten wie Seezunge, Angler, Scampi, Langusten, Hummer, Steinbutt, Knurrhahn oder Drachenkopf schwer fällt, der darf auf den kundigen Kellner, Herrn Lukic Franjo, vertrauen, der hier schon seit elf Jahren kompetent zuständig ist. Klare Fischsuppe, Thunfischcarpaccio, schwarzes Risotto, Nudeln mit Jakobsmuscheln, gegrillter Octopus auf Ruccola mit Trüffeln, ein Matrosenteller, ein Krustentierteller oder Fisch in der Salzkruste – all diese Köstlichkeiten des Meeres werden dem Gast appetitlich vorgelegt und, sofern gewünscht, vor dem Servieren direkt am Tisch zerlegt und filettiert. Sehr beliebt sind die frischen Austern, die auf Eis mit Zwiebel-Rotweinmarinade auf den Tisch kommen. Doch auch „Fleischtiger" werden im Bodulo verwöhnt: Etwa mit einer Entenbrust auf Waldbeerensauce oder Rindsmedaillons mit Oliven gefüllt, dazu Trüffelsauce und Polenta – hier ist die kreative Seite der kroatischen Küche

Fischrestaurant Bodulo

Hernalser Hauptstraße 204
A-1170 Wien

Telefon 0043 (0) 1 / 486 43 11

Ruhetag: Montag

zu sehen, die sich auf bewährte Grundstoffe, aber mit neuen Akzenten bezieht. Auch Degustationsmenüs sind möglich, obwohl sie nicht auf der Karte stehen – aber im Bodulo werden alle Sonderbestellungen ausgeführt. Bei den Desserts stehen die Palatschinken Bodulo mit einer köstlichen Nuss-Maraschino-Creme im Vordergrund, gefolgt von Feigen und Birnen in Rotwein oder einer Crème Caramel nach Dubrovnik-Art. Bei den Weinen des Bodulo ist, wie beispielsweise der Zlantina, ein leichter und trockener Wein, sehr beliebt und ebenso der Posip, ein Spitzenwein aus Süddalmatien. Die Rotweine führt die Sorte Zlatan Plavac Barrique an, der besonders als Fischbegleitung geeignet ist. Internationale Weine und Kultweine wie der grüne Veltliner von Bründlmayer empfehlen sich zu dem köstlichen Essen. Persönliche Betreuung, beste Beratung und Top-Qualität im Bodulo – das sind drei Atouts für jeden Gourmet!
MM

Schwarze Spaghetti in Champagnersauce

Zutaten

200 g Spaghetti Nero di Seppia
250 g Garnelenschwänze (8 Stück)
10 g Kapernbeeren
40 g Butter
0,02 l Cognac
0,1 l Champagner
0,2 l Schlagobers
0,05 Fischfond
Salz
Pfeffer

Zubereitung

Geschälte Garnelen in heißer Butter dünsten bis zur Erreichung einer goldgelben Farbe. Mit Cognac- und Champagner-Mischung flambieren und dann Schlagobers, Fischfond und Kapernbeeren beigeben, mit Salz und Pfeffer würzen (nach Geschmack). In diese Sauce dann Spaghetti Nero di Seppia (schon vorgekocht) beigeben und zusammenmischen bis die Sauce eine optimale Dichte bekommt. Dann servieren.

Fisch in der Folie

Zutaten

ca. 1,30 - 2,00 kg Fisch (je nach Sorte, Branzino und Goldbrasse 1,8 kg; Drachenkopf oder Knurrhahn 2,00 kg; Seezunge und Steinbutt sind nicht geeignet für Folie, weil sie zu dünn sind)
1/4 Sellerie
3 Karotten
3 Kartoffeln
Petersilie
Salz, Pfeffer
1/8 l Weißwein
1/8 l Fischfond
2 EL Olivenöl

Zubereitung

Fisch putzen und mäßig salzen. Gewaschenes und geschältes Gemüse in Würfel schneiden, mit Salz, Pfeffer, Petersilie, Fischfond, Weißwein und Olivenöl würzen. Fisch auf Alufolie legen und mit vorbereitetem Gemüse rundherum belegen, Alufolie in Bootform vorne und hinten zusammenwickeln, Fisch mit restlicher Flüssigkeit aus dem Gemüse übergießen und Alufolie hermetisch zuwickeln, so dass keine Luft dazukommen kann und ca. 50 Minuten mit einer Temperatur zwischen 160-180 °C backen. In der Folie servieren.

Catinetta Antinori

Catinetta Antinori

Jasomirgottgasse 3–5
A-1010 Wien

Telefon 0043 (0) 1 / 533 77 22
Telefax 0043 (0) 1 / 533 77 22-11

Ein Restaurant, das alles hat: Angefangen von einer Top-Lage in der Wiener Innenstadt, einem berühmten Namen, einer hervorragenden Küche bis zu einem stilvollen Ambiente, das ebensogut in ein toskanisches, höchst gediegendes Landhaus passen würde. Die „Cantinetta", wie das Lokal in Wien liebevoll genannt wird, gibt es seit nunmehr 11 Jahren in Wien, weitere Restaurants sind in Zürich und Moskau zu finden. Die Wiener Cantinetta wird von Gottfried Krasser als Geschäftsführer geleitet, der, zusammen mit seinem herausragenden Küchenchef Markus Brunner, in diesem Top-Lokal, das mit einer Haube und 14 Punkten ausgezeichnet ist, bestens für exquisite und gleich bleibende Qualität sorgt.
Die erste Cantinetta wurde vor über 40 Jahren in Florenz eröffnet und man folgte damit dem alten Brauch florentinischer Adelsfamilien, die in ihre Paläste Wein und andere Waren ihrer Landgüter zur Verkostung brachten. Die Familie Antinori selbst widmet sich der Weinproduktion seit mehr als 600 Jahren: Bereits 1385 trat Giovanni di Piero Antinori der Zunft der Weinerzeuger bei – heute steht der Name Antinori weltweit für edelste Tropfen – seien es Sassicaia, Solaia, Tignanello oder Brunello – allein in Italien wird auf 1838 Hektar und in den USA, Ungarn und Malta auf 450 Hektar Weinbau betrieben. Damit gehört die Familie Antinori zu den wichtigsten Weinproduzenten Italiens. Diese phantastischen, gepflegten Weine kann man in der Cantinetta selbstverständlich glasweise probieren; für diese erquickliche Kostprobe stehen rund 38 verschiedene Rebsorten zur Verfügung. Dass zu diesen gepflegten Getränken ebensolche Speisen passen, versteht sich von selbst. Markus Brunner, Haubenkoch und seit über sieben Jahren in der Cantinetta tätig, ver-

sorgt die anspruchsvollen Gäste mit toskanischer Küche, die eine ganz simple Leitlinie hat: „So einfach wie möglich und so klar wie möglich". Das bedeutet hochwertigste Rohstoffe, gekonnt und frisch zubereitet – und dies ohne Schnick-Schnack. Der Geschmack der einzelnen Zutaten muss herauszuschmecken sein: Derzeitiger Renner ist eine Burrata, ein junger rahmiger Mozzarella mit Peperoncino, verschiedenste frische Fische vom Steinbutt bis zum Wolfsbarschfilet oder Garnelen, hausgemachte Pasta mit herrlichen Ergänzungen wie geschmorte Ente, Pesto, Mascarpone und Ricotta, Bistecca in allen Varianten, Risotto oder Cappellacci mit Trüffeln, lassen einem das Wasser im Munde zusammenlaufen. A propos Trüffel: Die Cantinetta in Wien ist zweifellos DER Ort, wo man verschiedenste Trüffelgerichte, auf das vortrefflichste bereitet, essen kann. Das Lokal gilt als der „beste Trüffelplatz" Wiens und dies sicherlich zu Recht. Als Dessert empfiehlt sich das beste Panna cotta, vorzüglich begleitet von einem starken aromatischen Espresso.

Ab Oktober 2006 wird es ganz in der Nähe der Cantinetta ein weiteres Lokal geben, das Furore machen wird: Das „Procacci" in der Spiegelgasse ist eine gelungene Mischung aus Tradition und Moderne, ein stiller Einkehrort in nahezu klösterlich verhaltenem Stil. Auch hier gilt die Devise der Antinoris: „so einfach wie möglich" – Perfektion mit Simplizität!

MM

Misto di pesce alla griglia
Gegrillte Meeresfische mit Fenchel und Tomaten-Kapernbutter

Zutaten

1 Wolfsbarsch im Ganzen,geschuppt
etwas Gemüse
etwas Weißwein
1 Fenchelknolle
etwas Zitronensaft
1 Schwertfischfilet
ein paar Riesengarnelen, geschält
ein paar Tintenfische, geputzt
etwas Jakobsmuschelfleisch
Kapern, Knoblauch
etwas Butter
2 Tomaten
Petersilie

Zubereitung

Den Wolfsbarsch filetieren. Aus den Karkassen, dem Gemüse und dem Weißwein einen Fischfond ansetzen. Alles langsam köcheln lassen und durch ein Sieb seihen.
Den Fenchel halbieren und in Salwasser mit Zitronensaft und Weißwein ca. 10 Min weich kochen.
Die Meeresfische sowie die Fenchelhälften über dem Holzkohlefeuer grillen.
Den Fischfond einreduzieren. Kapern und den in Scheiben geschnittenen Knoblauch zugeben und mit kalten Butterwürfeln montieren.
Zuletzt Tomatenwürfel und gehackte Petersilie hinzufügen.

Restaurant „Der Grieche“

Das älteste griechische Restaurant Wiens wurde vor 40 Jahren von Panos Tsatsaris gegründet und ist bis heute in Familienbesitz. Eigentlich war der junge Grieche in den sechziger Jahren nach Wien gekommen, um Medizin zu studieren, aber sein Unternehmergeist bewog ihn zu einem mutigen Schritt: Durch einige vorhergegangene Studentenjobs im Gastgewerbe auf den Geschmack gekommen, eröffnete er 1966 sein eigenes Restaurant. Im 6. Bezirk fand er ein geeignetes kleines Lokal, das schon bald zum beliebten Treffpunkt für Studenten und Intellektuelle wurde. Viele der damaligen Besucher sind heute noch Stammgäste, manche von ihnen besserten damals ihr Budget als Aushilfen beim „Griechen“ auf. „Bei einem Glaserl Retsina und griechischem Bauernsalat wurde nächtelang, oft bis in die Morgenstunden, hitzig diskutiert“, erinnern sich Zeitzeugen gerne. Unter den Gästen waren viele heute sehr bekannte Politiker, Anwälte und Mediziner. Schnell war der vorhandene Platz zu klein geworden und Panos Tsatsaris nützte jede Gelegenheit zu vergrößern. Heute besteht das Lokal aus mehreren Gasträumen und insgesamt drei Gärten: einem Wintergarten, einem Schanigarten und einem Gastgarten, in dem eine weit ausladende Linde Schatten spendet.

Der Schanigarten vermittelt mit frischem mediterranen Blau und Weiß typisch griechisches Flair, das im Lokal an den Wandmalereien der österreichischen Künstlerin Sputny-Schwarzmüller wiederkehrt.

Diese Anlage zusammen mit zwei Extraräumen eignet sich hervorragend für Veranstaltungen und Festlichkeiten aller Art, Hochzeitsfeiern, Familienfesten, Produktpräsentationen oder Firmenjubiläen. Da die Teilbereiche leicht miteinander verbunden werden können, sind Veranstaltungen fast jeder Größe möglich. Das heute von Milena Tsatsaris und ihren Kindern Sissi und Wlassis geführte Restaurant besticht durch seine hellenische Gastfreundschaft.

„Der Grieche“ hält auch viele Aktionen bereit, aus welchen die 10% Ermäßigung auf Alles bei Vorweisen einer Kinokarte hervorsticht, befinden sich doch gleich mehrere Kinotempel in unmittelbarer Nachbarschaft. Er ist auch bei Familien sehr beliebt, da er sich durch besondere Kinderfreundlichkeit, wie dem auf die Bedürfnisse der Kleinsten abgestimmten Kindermenü, auszeichnet. Für

Restaurant „Der Grieche“
Panos Tsatsaris Ges.m.b.H.&Co KG

Barnabitengasse 5
A-1060 Wien

Telefon 00 43 (0) 1 / 587 74 66
Telefax 00 43 (0) 1 / 587 72 18

Erwachsene gibt es täglich zu Mittag ein dreigängiges Menü zum Preis zwischen 5 und 6 Euro.

Das Restaurant bietet traditionelle griechische Küche mit mediterranem Akzent, das Olivenöl etwa stammt aus besten griechischen Pressen und Fisch spielt eine gewichtige Rolle auf dem Speiseplan, der unter anderem natürlich Gyros und Suwlaki, Fleischplatten und Mussaka beinhaltet. Die Spezialität des Hauses sind Lammfleischgerichte, aber wer sich kulinarisch nicht zu weit entfernen möchte, bekommt auch Schweinskotelett oder Hühnerspieß, und wem das wiederum zu fleischlastig klingt, der findet eine schmackhafte Auswahl an vegetarischen Gerichten.

Auch Live-Musik-Abende werden geboten. Wer, etwa nach einem Candle-Light-Dinner, einen gelungenen kulinarischen Abend romantisch ausklingen lassen möchte, kann dies gleich gegenüber tun. In der „Nostos“ Bar werden nationale griechische wie auch klassische Cocktails zu griechischer und internationaler Musik serviert.

LG

Arnikleftiko

Zutaten

1 kg ausgelöster Lammschlögel
200 g Kefalotiri (Hartkäse)
1 Stück Knoblauch (Knolle)
200 g Weinblätter (Dose)
Estragon-Senf

Marinade:
Rosmarin, Thymian, Basilikum, Pfefferkörner, Zwiebel, 3–4 EL Olivenöl

Zubereitung

Lamm in dünne Schnitzel schneiden, marinieren und 1-2 Stunden ziehen lassen. Alufolie auslegen, darauf Weinblätter ausbreiten und das Fleisch nebeneinander legen. Die Oberseite dünn mit Senf bestreichen, Hartkäse und Knoblauch in die Mitte legen, das ganze mit der Folie zusammenrollen und mit einem Bindfaden zusammenbinden, in einen Topf mit wenig Wasser geben, und bei 180 Grad ca. 90 Minuten im Rohr braten. Anschließend die Folie entfernen und das Fleisch vorsichtig in Stücke schneiden.

Gallo Nero

Ristorante Gallo Nero

Speisingerstraße 218
A-1130 Wien

Telefon und Telefax
00 43 (0) 1 / 887 21 - 21 oder 20

Genau an der Grenze zwischen zwei Nobelbezirken Wiens, Hietzing und Mauer, liegt das schöne Restaurant „Gallo Nero", das von Herrn Francesco Dimmel und seiner Gattin Alma mit viel Herz und Engagement geführt wird. Herrn Dimmels Vater war Ägypter, seine Mutter Italienerin, die in zweiter Ehe einen Österreicher geheiratet hatte. So kam es, dass Herr Francesco nach seiner Gastronomieausbildung in Lecce bei seinem Cousin Mario, nach Wien kam und sich seinen Herzenswunsch – ein eigenes, italienisches Lokal – erfüllte. Mit großem Fleiß schuf er sieben Ristorantes, wovon seit 2002 das „Gallo Nero" die volle Konzentration genießt. Den erfolgreichen Aufbau verdankt Herr Francesco vor allem seiner Frau Alma, die aus Montenegro stammt, und die ihm Frau, Freundin und Familie in einer Person ist. Sie kümmert sich vor allem um die Organisation und Architektur des Betriebes und natürlich um die beiden Kinder Mimi und Dino. Die Philosophie von Herrn Francesco ist durchaus italienisch: „Wenn ein Gast nicht isst, bin ich beleidigt und nicht zufrieden. Wenn er isst, habe ich große Freude", erläutert er seinen Grundsatz. Allerdings braucht er sich bei seiner Küche keine Sorgen zu machen, einen nicht-essenden Gast zu haben: im „Gallo Nero" wird täglich qualitativ hochwertigst gekocht. Fische und Meerestiere sind zweifellos die Spezialitäten des Hauses. Beim Fischteller für eine Person, kann man sich genüßlich durch Scampi, grüne und schwarze Muscheln, Lachs, Angler oder Butterfisch stückchenweise durchkosten. Die Firma Rocco liefert Fisch und Meeresfrüchte direkt ins Haus; die Firma San Marco den köstlichen Prosciutto, die Trüffel oder der Parmesan. Die Pasta wird täglich hausgemacht und besonders beliebt sind die Penne Barolo, für die das fein geschnittene Rindfleisch in Barolo gedünstet wird und mit dieser Sauce und Parmesan serviert wird. Doch auch Rinderfilets, Lamm mit Thymiansauce, Scaloppina Siciliana oder das Piccata Milanese sind begehrt. Die knackigen Salate gehen dermaßen gut, dass Herr Francesco jeden zweiten Tag eine große frische Lieferung ins Haus bekommt. Allen voran lieben seine Gäste Ruccola-Salat mit Parmiggiano und Trüffelöl und danach die hervorragenden Tortelloni al Tartuffo. Bei den delikaten „Dolce" wählt man zwischen Torta della Nonna, Crème Caramel oder einem Mango Sorbet aus indischen Mangos. Die Cannelloni à la Siciliana bestehen aus gerolltem Blätterteig mit einer zarten Fülle aus Nüssen, Crema und Mascarpone. Wenn man sich nicht entscheiden kann, so bestellt man den Schmankerlteller, der von jeder der süßen Spezialitäten etwas dabei hat. Die Weinauswahl ist italienisch-patriotisch: Alle Weine kommen aus Italien, von der Hausmarke aus Assisi angefangen, quer durch alle Preisklassen, bis zum Vino Nobile oder Gaia. Den unverzichtbaren Grappa kann der Gast aus vierzig verschiedenen Sorten wählen. Wenn der Gast zufrieden ist, so ist es auch Francesco Dimmel und sein schwungvolles Team – auf Grund der großen Beliebtheit des Lokals ist eine Reservierung empfehlenswert! MM

Penne Barolo

Für 2 Personen

Zutaten

300 g Rinderfiletstreifen
1 ganze Zwiebel
4 Kirschtomaten
1/4 l Barolowein
1 Teelöffel Butter
Olivenöl
15 g frischen Parmesan
500 g Penne

Zubereitung

Rinderfiletstreifen mit der gehackten Zwiebel in etwas Olivenböl anbraten. Das Ganze mit Salz und Pfeffer würzen und die halbierten Kirschtomaten dazu geben und mit Barolowein ablöschen. Danach die Butter dazu geben und solange reduzieren, bis es zu einer cremigen Sauce kommt. In der Zwischenzeit die Penne kochen und abseihen. Die fertigen Penne in die Sauce zugeben und etwas mitkochen. Alles auf einen Pastateller anrichten und mit frischem Parmesan garnieren.

Ilona Stüberl

Restaurant Ilona Stüberl
Maria Fodor

Bräunerstraße 2
A-1010 Wien

Telefon 00 43 (0) 1 / 533 90 29
Telefax 00 43 (0) 1 / 533 90 29-6

Das kleine Restaurant im Herzen Wiens verdankt seine Entstehung der ungarischen Revolution von 1956. Damals beschlossen die Ungarin Ilona und ihr Mann, ebenfalls ein Ungar, Michael Somlai, den Flüchtlingen ihrer Heimat zu helfen und eröffneten im November 1957 das Lokal in der Bräunerstraße, wenige Gehminuten vom Stephansdom entfernt. Die schöne Ilona kochte herrliche magyarische Spezialitäten wie Bohnensuppe und Letscho, und bot ihre Tagesteller zu günstigen Preisen an. Sie erfand die Ilona-Palatschinke, eine bis heute beliebte Spezialität des Hauses, gefüllt mit Marillenmarmelade und Topfencreme, übergossen mit Schokoladensauce. Das „Ilona Stüberl" wurde rasch zu einem beliebten Treffpunkt für Emigranten, wie für Wiener, und später entdeckten natürlich auch Touristen das Restaurant.
Viele Berühmtheiten wählten das „Ilona Stüberl" bald zu ihrem Stammlokal, unter ihnen Arthur Miller, der nach seiner Scheidung von Marilyn Monroe in den Sechziger Jahren häufig in Wien war.
Maria Fodor, die heutige Besitzerin, führt das Lokal seit 1987 mit ebenso viel Engagement, Herz und Seele weiter. Sie wuchs, entfernt mit Ilona verwandt, in Ungarn auf. Als ihre Mutter 1977 Ilonas Witwer heiratete, kam Frau Fodor nach Wien, lernte die Sprache, besuchte Schulen und machte die Konzessionsprüfung. „Eigentlich sollte ich nach dem Willen meiner Mutter studieren, aber ich wollte unbedingt das ‚Ilona Stüberl' von meinem Stiefvater übernehmen und

wenn mich heute jemand fragt, ob es etwas gibt, das ich bereue, sage ich, das mit dem Lokal bestimmt nicht!" Dabei waren die Anfangsjahre überaus schwierig. „Kurz nachdem ich übernommen hatte, wurde die Straße wegen Bauarbeiten für eineinhalb Jahre gesperrt. So nahm ich Nebenjobs an, um den auf diese Weise eingeschränkten Betrieb nicht ganz aufgeben zu müssen." Oft und sehr gerne serviert Frau Fodor selbst im Lokal und wohl nicht nur deswegen erhielt sie unter anderem 2005 die Auszeichnung „Lieblingswirt des Jahres" von ganz Wien. Die Wirtschaftskammer ehrte die Wirtin ebenfalls mehrmals mit dem silbernen Ehrenzeichen für ihre besonderen Bemühungen um das Gastgewerbe. „Privat bin ich zwar etwas zu kurz gekommen," sagt sie wehmütig lächelnd, „aber ich bekomme alles beruflich zurück."
Die ursprüngliche Holzvertäfelung mit den Garderobenhaken direkt beim Tisch ist noch vorhanden, und die Dekoration ist hauptsächlich in Rot-Weiß-Grün gehalten, den Nationalfarben Ungarns. Im Winter halten Filzvorhänge die Kälte draußen, im Sommer kühlt ein Deckenventilator wie in Rick's Café in „Casablanca" den Gastraum. Frau Fodors Personal ist zwar ausschließlich ungarisch, doch die Speisekarte gibt es in acht Sprachen, darunter japanisch und russisch. Sie besteht zu 90 Prozent aus ungarischen Gerichten, der Rest ist typisch österreichisch mit Wiener Schnitzel und Zwiebelrostbraten. Ilona gab jedem Tag der Woche sein eigenes Menü und auch diese Tradition wird bis heute gepflegt. Doktoren und Professoren, die Ilona früher durch die Studienzeit fütterte, kommen immer wieder vorbei und lassen in der warmen Jahreszeit im Schanigarten unter gelben Schirmen diese revolutionäre Zeit Revue passieren. Wenn sie gelegtes Kraut möchten, brauchen sie nicht auf die Speisekarte zu sehen. Es reicht, wenn der Kalender ihnen sagt, dass Mittwoch ist.
LG

Brassói Aprópecsenye (Brassói Kleingeschnetzeltes)

Zutaten

1/4 l Öl
480 g Schopfbraten
700 g Kartoffeln
Salz, Pfeffer, Knoblauch, Petersilie
1/4 l Rindsuppe

Zubereitung

Das Fleisch in dünne Streifen schneiden und kurz im Öl anbraten. Danach das überschüssige Öl abschütten. Die Fleischstreifen salzen, pfeffern und mit Knoblauch nach Geschmack würzen. Die Rindsuppe erhitzen und das Fleisch in der Bouillon ca. 10 Minuten dünsten.
Währenddessen die Kartoffeln in der Schale weich kochen, schälen, klein würfelig schneiden und zum Fleisch geben, das Ganze etwa 5 Minuten dünsten. Vor dem Servieren frische, klein gehackte Petersilie darüber streuen. Dazu passt Pusztasalat.

Le Bol

Le Bol
Omar Shoukry

Neuer Markt 14
A-1010 Wien

Telefon 00 43 (0) 699 / 10 30 1899

Der Name dieses Lokals im denkmalgeschützten Barockhaus im Zentrum der Stadt ist gut gewählt, denn der Gast findet hier beide Bedeutungen des französischen „le bol" wieder. Zum einen nennt man in Frankreich die henkellose Schale für den Frühstückskaffee so, in der man in diesem schicken Lokal im ersten Bezirk Espresso, Noisette, Café au lait oder Café Le Bol serviert bekommt. Auswärts würden Franzosen daraus zwar nicht trinken, für Omar Shoukry war jedoch der familiäre Aspekt bei der Planung seines Lokals sehr wichtig: „Ich wollte die Behaglichkeit eines provenzalischen Landhauses mit der Nonchalance der Pariser Bistros verbinden." So werden im alten Gewölbe auf Vollholztischen hervorragende Kaffees in den „bols" serviert, denn Ungezwungenheit ist ein wesentlicher Wohlfühlfaktor – bei Wahrung hoher Qualität.

Die heiße Trink-Schokolade wird von Frankreichs berühmtester Schokoladenmanufaktur Valrhona geliefert, die Pâtisseries werden exklusiv für das Haus von einem in Frankreich ausgebildeten Konditormeister hergestellt, etwa die „Tarte au citron" oder der köstliche „Gâteau le Bol". Durchgehend gibt es zum Beispiel „Les tartines", belegtes Schwarzbrot mit Salat, mit Beinschinken oder Ziegenkäse, mit Lachs oder Entenbrust. Salate und Quiches stehen ebenso zur Auswahl, wie original französischer Schinken-Käse-Toast, der allerdings ganz anders schmeckt, als anderswo – „Croque Monsieur" kommt nämlich im Béchamelumhang, „Croque Madame" in Begleitung von Lachs. Die Atmosphäre dieses Lokals ist im Sommer wie im Winter einzigartig. Zentrum des vorderen Gastraumes ist die große „Table d'hôtes", ein Gemeinschaftstisch für bis zu 14 Personen. Die Besucher setzen sich zwanglos dazu und verzichten gerne auf die gewohnte Privatheit der herkömmlichen „Nur-für-uns"-Tischchen. Es gibt gleich zwei Trottoirgärten, beide in französischer Manier angelegt, wo man mit dem Rücken zur Fassade sitzt. Spätestens wenn man dort

die Lässigkeit des französischen Lebensstils mit Blick zum Donnerbrunnen genießt, wird die zweite Bedeutung von „Le Bol“ klar. Die lautet umgangssprachlich schlicht: „Glück“. LG

Quiche Lorraine

Zutaten

5 Eier
250 g Mehl
125 g weiche Butter
1 kg Porree
400 g Speck, gut durchwachsen
200 g Sahne
Salz, Pfeffer, Muskat
150 g geriebener Emmentaler
Springform Ø 28 cm
Öl zum Anbraten
Butter für die Form

Zubereitung

Ein Ei, Butter und Mehl mit einer Prise Salz und einem Esslöffel kaltem Wasser in eine Schüssel geben und gut durchkneten. Die Springform mit Butter einfetten, den Teig auslegen, dabei einen ca. 2 cm hohen Rand bilden. Den Teigboden mehrmals mit einer Gabel einstechen. 30 Minuten in den Kühlschrank stellen.
Porree klein schneiden, Speck von den Knorpeln befreien, in kleine Würfel schneiden, salzen und pfeffern und in Öl anbraten. Die restlichen Eier mit der Sahne in einer großen Schüssel mit der Gabel aufschlagen, gebratenen Lauch und Speck zufügen. Mit etwas Muskat würzen. Die Masse in die Springform geben. Den Käse darüber streuen und ca. 30 Minuten bei 200 °C (Ober- und Unterhitze) backen.

Le Salzgries

Bienvenue – wer original französische Küche sucht, muss deswegen nicht mehr nach Frankreich zu reisen – ein Besuch in der Wiener Marc Aurel-Straße im neu entstandenen Restaurant Le Salzgries bietet Reichhaltiges aus Küche und Keller und dies „à la bonheur". Eigentümer und Küchenchef Denis König, natürlich gebürtiger Franzose, verbrachte seine Kochlehrzeit in Wien bei dem Haubenkoch Buchinger und arbeitete dann mit ihm in der „Alten Schule" in Riedenthal. Danach kehrte er in sein Heimatland zurück und fand sich dann wieder in Österreich ein – einen Wunsch vor Augen: ein eigenes Lokal zu besitzen. Nach langwieriger Suche fand sich die gewünschte Lage und Denis König ließ durch schlichte Architektur, kleine Tische mit Sitzbänken nach original Pariser Art und einer Weinbar im Souterrain ein Restaurant entstehen, das wahrlich reines französisches Flair in Form einer jungen Brasserie vermittelt. Das Lokal ist mit bunten Zementfliesen, Spiegeln an der Wand und stets weiß gedeckten Tischen dekorativ ausgestattet: „Um hübsch zu essen., muss das Gedeck weiß sein und dazu gehören unbedingt Silberbesteck und Kristallgläser," ist das Credo von Denis König, der weiß, was seine hochkarätigen Gäste wünschen. Das gehobene Innenstadtpublikum sorgt vor allem für ein starkes Abendgeschäft und darf sich ab sofort auch über einen bis 23.00 Uhr geöffneten kleinen, intimen Gastgarten freuen. Die Grundidee der König'schen Küche ist simpel, aber raffiniert: „Die Basis für alle Gerichte ist eine sehr hochwertige Qualität der Rohprodukte. Es wird alles à la minute vorbereitet und wir verbrauchen nur frische Produkte", erzählt Denis König. Um die richtige Vorbereitung all dieser köstlichen Frischwaren gewährleisten zu können, ist ein sehr gutes Team in der Küche notwendig. Die gute Zusammenarbeit ist sehr wichtig und durch die ausschließlich frische Zubereitung aller Speisen kommt es manchmal zu einer gewissen Wartezeit, die aber für die hohe Qualität der dargebotenen Speisen steht. „Unsere Gäste wissen das und akzeptieren es auch, weil sie dafür erstklassige Qualität erhalten." Die 100%-ige französische Küche bietet auch viele fangfrische französische Fisch- und Meeresfrüchtespezialitäten. Klassiker, die immer auf der Karte sind und

Restaurant Le Salzgries

Marc Aurel-Straße 6
A-1010 Wien

Telefon 00 43 (0) 1 / 533 40 30
Telefax 00 43 (0) 1 / 533 40 30-20

sich stets äußerster Nachfrage erfreuen, sind etwa ein zartes Kalbsbries, Beef Tartar, Kalbskopf, ein saftiges Rinderfilet mit Sauce Bernaise, ein Tartar de Luxe aus Rindfleisch mit Gänseleber und Trüffeln aus dem Perigord oder ein äußerst großes Austernangebot. Bei den Desserts schwelgt man zwischen einer köstlichen Crème Brûlée oder einem Fondant de Chocolat sowie immer wieder saisonalen Variationen.
Dass zu diesen exquisiten Speisen Wein prinzipiell besser passt, als Bier, ist logisch – und welches Land ist schon berühmter für seinen phantastischen Wein, als Frankreich? Also führt Denis König rund 180 vorwiegend französische Weinsorten, unter anderem sehr viele Bordeau-Arten, die man in der Weinbar gemütlich verkosten kann. Erhältlich sind die Weine in Normalflaschen aber auch halben oder Magnum- sowie Doppelmagnumgrößen.
Nach dem Genuss der kulinarischen Köstlichkeiten im Le Salzgries versteht man, warum „Gott in Frankreich wohnt“ – bon appétit!
MM

Bresse-Huhn mit Morcheln

Zutaten

1 Bresse-Huhn
40 g getrocknete Morcheln
3 kleine Schalotten
4 cl Cognac
4 cl Portwein
Geflügelfond
200 g Crème Fraîche aus Frankreich
Salz, Pfeffer, Butter

Zubereitung

Huhn zerteilen, aus der Karkasse und Abschnitten einen Fond zubereiten.
Die getrockneten Morcheln in Wasser einweichen. Man kann sie am Vortag einweichen oder aber auch in heißem Wasser. Die Morcheln mit einem Siebschöpfer aus dem Wasser herausnehmen, (um den Sand, der am Boden vom Gefäß liegt, nicht auf die Pilze schütten zu müssen). Die Morcheln nach Belieben ganz lassen oder schneiden.

Die Sauce: Die Morcheln mit den fein geschnittenen, nicht gehackten Schalotten anschwitzen bis sie Farbe angenommen haben. Mit Cognac ablöschen, flambieren, leicht reduzieren lassen, mit Portwein erneut ablöschen und wieder flambieren, leicht reduzieren lassen. Mit 40 dl Geflügelfond und 40 dl filtriertem Morchelsaft weiter kochen lassen. Nach 15 Minuten die Crème Fraîche hinzufügen, weiter kochen lassen. Leicht abschmecken, aber darauf achten, dass, wenn die Flüssigkeit verdampft, der Salzgehalt steigt.

Die Hühnerstücke separat ansautieren. Dabei mit der Schnittfläche anfangen, danach die Hautseite, damit sich das Fleisch in die richtige Richtung wölbt. Das Fleisch in der Sauce weitere 30 Minuten langsam köcheln lassen. Sie können überprüfen, ob das Fleisch durch ist, indem Sie die Keulen bis zum Gelenk mit einem spitzen Messer einstechen. Die Flüssigkeit, die dabei austritt, soll farblos und klar sein. Wenn das Fleisch durch ist, aus der Sauce herausnehmen und auf einer Servierplatte anrichten.
Die Sauce reduzieren, abschmecken und das Huhn damit napieren.

Piccini & Piccolo Gourmet

Wien ist generell eine Stadt, in der Tradition auf Grund der Jahrhunderte alten Geschichte seit jeher eine große Rolle spielt. Viele haben versucht, die Bewahrung und Pflege dieser Traditionen geschickt in die Moderne einzubinden. Einer der Betriebe, der diesen Gang perfekt und harmonisch geschafft hat, ist die Firma Piccini, die schon im Jahre 1856 von der gleichnamigen Triestiner Familie gegründet wurde. Schon damals wurde Pionierarbeit geleistet, denn die Firma Piccini importierte als Erste italienische Produkte nach Wien. Damals war der Hauptsitz in der Himmelpfortgasse, der jedoch im 2. Weltkrieg zerstört wurde und danach seinen bis heute angestammten – und aus dem Wiener Stadtbild nicht wegzudenkenden – Platz an der Linken Wienzeile 4 gefunden hat. Im Jahr 1934 wurde das Geschäft von dem berühmten Architekten Prutscher gestaltet und 1984 vom Architekten Zabrana revitalisiert. 1996 schloss Architekt Podsedensek dem Geschäftslokal ein herrliches Restaurant, das „Piccolo Gourmet" und acht Jahre danach das kleinere „Piccolini" an.

Doch zurück zum Ursprung und dem bis heute wichtigsten Zweig des Piccini: Es ist und bleibt das älteste Haus in Wien, das italienische Spezialitäten und Delikatessen importiert. Die herrlichsten Lebensmittel, Weine, Grappas, Liköre, Schaumweine oder Fruchtsäfte füllen hier die Regale und die damit verbunden Marken sind ohne Zweifel die Edelsten, die Italien aufzuweisen hat: Bei den Antipasti sorgen Regnoli, Rocca

Piccini & Piccolo Gourmet

Linke Wienzeile 4
A-1060 Wien

Telefon 00 43 (0) 1 / 586 33 23
oder 00 43 (0) 1 / 587 52 54

Ruhetag: Sonntag

oder Oliveri für allerbeste Ware; bei den Wurst- und Fleischwaren keine Geringeren als Leoncini, Alcisa, Maletti oder Boscovivo und bei den Eierteigwaren Cipriani, Dallari oder De Cecco. Die Liebe zur Tradition und die Treue zu den ausschließlich italienischen, qualitativ absolut hochwertigen Produkten kennzeichnen seit nunmehr 150 Jahren das „Piccini", das seit 1979 liebevoll von Frau Juditha Schindl, die schon seit 1959 im Hause ist, geführt wird. Qualität, Fachwissen der Mitarbeiter, persönliche Betreuung und ein angemessenes Preis-Leistungs-Verhältnis werden von den zahlreichen Stammkunden, die oft schon seit mehreren Generationen ihre Delikatessen hier einkaufen, höchst geschätzt. Eier- und Kartoffelteigwaren, Teigwaren aus Hartweizengrieß, geschmackvolle Büffelmilchmozarella, Misch- oder Schafmilchkäse, Top-Weine der besten Häuser aus nahezu allen wichtigen Regionen Italiens, erlesene Grappa- oder Likörsorten und – unverzichtbar dazu – Bittermandelgebäck, Grissini oder Marrons Glacés verwöhnen selbst den anspruchsvollsten Gaumen. Saisonale Köstlichkeiten wie die frische weiße Trüffel aus Alba, der weihnachtliche Panettone, die österliche Colomba sind ebenso nicht wegzudenken wie das stets frische und sensationell gute Angebot an Wurst-, Prosciutto-, Salami- oder Käsespezialitäten.

Das angeschlossene Restaurant „Piccolo Gourmet" und seine mediterranen Speisen liegen fest in der Hand von stets „echten" italienischen Köchen, die die gute Klientel mit immer frischen Gerichten aus ihrer Heimat beglückt. Auf Wunsch werden auch Antipasti-, Wurst-, Prosciutto- oder Käseplatten vorgefertigt und als repräsentatives Geschenk bieten sich auch liebevoll zusammengestellte Geschenkkörbe an. Piccini: das Beste aus Italien in Wien!

MM

Tagliolini con scampi e cozze (Tagliolini mit Garnelen und Miesmuscheln)

Zutaten

300 g Cipriani Tagliolini all'uovo
12 g Garnelen
400 g Miesmuscheln
3 Flöten Prosecco
Olivenöl „Extra Vergine"
Petersilie
Knoblauch
Salz
Pfeffer

Zubereitung

Olivenöl in einer Pfanne erhitzen, Garnelen und Miesmuscheln (mit Schale) hinzugeben und anbraten, würzen mit gehacktem Knoblauch, Salz und Pfeffer.
In der Zwischenzeit die Bandnudeln „al dente" kochen (etwa 3-4 Minuten) und auf einem Teller anrichten. Die Garnelen und Miesmuscheln mit dem Prosecco ablöschen und einmal aufkochen lassen. Miesmuscheln von der Schale befreien und zusammen mit den Garnelen auf die Nudeln geben. Mit der Sauce übergießen und mit Petersilie garnieren.

La Piccola Italia

La Piccola Italia

M. & Ibrahim Dis Ges.m.b.H.

Naschmarkt
Stand 661 (Hauptgeschäft),
Stände 552, 620 und 618
A-1060 Wien

Telefon und Felefax 0043 (0) 1 / 585 26 68

Der zweifellos attraktivste Markt Wiens ist der Naschmarkt, der sich von der Sezession beginnend, an den weltberühmten Jugendstilhäusern der Linken Wienzeile vorbei, bis zur Kettenbrückengasse hinauf entlang reiht. Köstlichkeiten und Spezereien aus aller Herren Länder werden hier feilgeboten und selbst der wählerischte Kunde hat auf dem Markt eine unglaubliche Bandbreite an Angebot vor sich. Inmitten dieser Marktstände befinden sich auch vier Betriebe der M. & Ibrahim Dis GmbH, deren Inhaber und Chef, Herr Ibrahim Dis, seit 1991 die Firma führt, die ursprünglich mit Obst und Gemüse begonnen hat und nun seit 1999, gemeinsam mit seinem Bruder und Co-Chef, Herrn Nasir Dis geleitet, größtenteils italienische, aber auch internationale Spezialitäten an Lebensmitteln bietet. Der reine Familienbetrieb besitzt ein Fleischgeschäft (Stand Nr. 620), ein Lebensmittelgeschäft (Stand Nr. 618), ein Café, das aber auch frisches Kebab, Lammspieße, frisch gepresste Säfte und Erfrischungen führt (Stand 552) und als Hauptfiliale sozusagen den Stand Nr. 661, der 1999 komplett neu erworben und genauestens umgebaut wurde. Die Geschäfte bieten eine reiche Fülle an Köstlichkeiten, die von der Familie direkt und persönlich in Italien frisch ausgewählt, gekauft und nach Wien transportiert werden. Auf Grund der großen Familienzugehörigkeit ist diese intensive Reisetätigkeit möglich, denn alle Mitglieder der Familie Dis können sich aufeinander verlassen, dass das Geschäft, auch wenn ein Teil der Familie auf Reisen ist, bestens weitergeführt wird. Die Idee, sich vor allem auf italienische Spezereien zu konzentrieren, kam der Familie deshalb, weil es im Jahr 1999 noch keinen Stand mit italienischen Spezialitäten auf dem Naschmarkt gab. Es gab zwar eine kleinere Auswahl an Schinken oder Schafkäse, die aber mit dem heutigen Angebot rein gar nichts mehr zu tun hat. Bei „Piccola Italia", wie die Stände alle heißen, wird auch der größte Kenner bei der Wahl seines Einkaufs bestens beraten und bekommt Köstlichkeiten, die sonst nur sehr schwer in Österreich erhältlich sind: Das Programm ist bunt, frisch, originell, köstlich und hat Top-Qualität. „Der Naschmarkt ist in den letzten Jahren zunehmend ein Genuss-Markt geworden", weiß die Familie Dis zu berichten, „die Qualität der Ware ist hochwertig geworden und wir besorgen ausschließlich Top-Qualität für unsere vielen Stamm-

kunden“. Bei diesen anspruchsvollen Kunden muss man schon eine Vielzahl hochwertigster Produkte vorlegen, was der Familie Dis perfekt gelingt: Seien es Nudeln, eine Vielzahl an herrlichsten Oliven, Öle, Balsam- oder Weinessigsorten, eingelegte Antipasti oder gefüllte Antipasti aus Griechenland und der Türkei wie z.B. Pfefferoni mit Schafskäse, seien es schmackhafte Hartwürste aus Italien oder eine Kräuter- oder Pfeffersalami aus Spanien, eine Chorizo, Wildwürste wie Hirsch- oder Wildschweinsalami aus Italien oder eine ganz seltene Köstlichkeit, die Pancetta, ein Fett-Speck, der mit Kräutern und Salz bedeckt wird und ein Jahr unter Marmor gelagert wird. Davon legt man eine dünne Schichte auf ein Brot, übertoastet es, die Pancetta zergeht und man genießt dann einen köstlichen zarten Geschmack auf dem Brot. Doch nicht nur die Wurstwaren, darunter auch ausgewählteste Prosciutto-Sorten, die teilweise bis zu 24 Jahren gelagert sind und auf der Zunge zergehen, bilden das exquisite Angebot von „Piccola Italia“: Und erst die Käsesorten laden zu allerhöchstem Genuss ein: Büffelmozarella, Peccorino, Dolce Latte, Trüffelkäse, Taleggio, Bel Paese, Hartkäse von Ziege und Schaf, Kuhweichkäse oder verschiedene Parmesansorten wie Reggiano oder Grana, geräucherte Käsesorten sowie Frischkäse wie Burrata runden die breite Palette ab. Einer der Hauptartikel sind die frischen Teigwaren wie Ravioli, die es mit den verschiedensten Füllungen gibt: Eierschwammerl, Trüffel, Steinpilze oder Gorgonzola-Nuss – einfach 5 Minuten in das kochende Wasser geben – fertig ist ein köstliches Mahl! Besondere Erwähnung verdienen auch die Weine, die aus fast jeder Region Italiens in Spitzenqualität zur Auswahl stehen – Weinkenner akzeptieren den Preis, der über der Mittelklasse liegt, denn sie schätzen die feine Qualität. Eine satte Sortierung an Grappa, darunter auch der „Barriquata“, eine Barrique-Qualität des edlen Brandes, findet seine Stamm-Abnehmer. Als Abschluss seien noch die vielen Trockenfrüchte, Nüsse und die Süßspeisen aus dem Orient wie Harisa oder Baklawa erwähnt, die dem Gaumen einen nahezu sinnlichen Genuss schenken. Ein Einkauf bei Piccola Italia ist ein Erlebnis – und stimmt schon auf den Genuss der Speisen daheim bestens ein!
MM

QUAKER OATS
Brie
RESIDENT

Restaurant Le Siècle

W o einst der Baronin Reifrock über das Sternparkett glitt und das Herz der Komtesse beim Anblick des im Stadtpark unter ihrem Fenster geigenden Johann Strauß höher schlug, kann man heutzutage den besten Fisch der Stadt genießen. Und das ganz authentisch bei Kerzenschein im stilecht restaurierten Ambiente des Restaurants „Le Siècle“ im Radisson SAS Palais Hotel am Parkring.

In der historischen Bel Etage des Ringstraßenpalais zaubern Christian Krumpholz, mit zwei Hauben gekrönter Spitzenkoch, und das Team um Mario Schweiger Gerichte von solcher Raffinesse, dass sich unweigerlich die Frage stellt, woher die Ideen dazu stammen. Ausgebildet in Wien, danach auf internationalem Boden in Italien, Malaysien und Kanada tätig gewesen, antwortet der Küchenchef des Vienna Radisson Hotels: „Indirekte Einflüsse aus diesen Küchen gibt es immer, besonders aus Kanada, was sich dann in Kombinationen wie den mit Ahornsirup karamellisierten Speckröllchen niederschlägt. Auf Einfälle komme ich überall, in der U-Bahn oder wenn ich über die Wiener Märkte spaziere. Hin und wieder habe ich eine Idee, auf deren Umsetzung ich eine Zeit lang warten muss, weil die Zutaten im Augenblick nicht erhältlich sind. Das ist manchmal ganz schön spannend.“

Essig hat in seinen Kreationen eine wichtige Rolle, denn ganz wie die großen Franzosen spielt auch Christian Krumpholz gerne mit den Geschmäckern, mischt sie, lässt sie sich steigern oder lindern, manchmal einander beinahe aufheben. Der kreative Meister der Ernten des Meeres ist in diesem Hotel der skandinavischen Kette Rezidor am richtigen Platz, legt er doch allergrößten Wert auf

Restaurant Le Siècle
Radisson SAS Palais Hotel

Parkring 16
A-1010 Wien

Telefon 00 43 (0) 1 / 51 517- 3440
Telefax 00 43 (0) 1 / 51 22 216

täglich frisch eingeflogene Ware. Was seine Stammgäste durchaus zu schätzen wissen. Den beiden Wiener Palais, die heute das Luxushotel beherbergen, tut die nordische Frische gut. Sie wurden unter den Augen des Denkmalamtes restauriert, viel konnte sogar, dank ausreichender Originalsubstanz, renoviert werden. Trotz originalgetreuer Tapeten und Teppiche aus dem melancholieverliebten 19. Jahrhundert und der für die damalige Zeit typischen stoffreichen Schabracken, ist die Atmosphäre keinesfalls schwer oder düster. Man lebte damals in einem Stilgemisch und so finden sich auch heute Säle von französischem Flair, wie der zauberhafte rosa Festsaal mit Blick zum Stadtpark, neben Salons von der Gemütlichkeit eines englischen Clubs. Und darüber schweben dann hin und wieder opulente Deckengemälde aus dem 19. Jahrhundert, die den Betrachter an den österreichischen Barock denken lassen.
Wenn Johann Strauß den Geigenbogen sinken ließ, zog sich die Dame des Hauses in ihr goldgelbes Boudoir zurück. Gäste des Radisson SAS finden dort heute den Teesalon und können noch ein wenig tiefer in eine Welt eintauchen, von der sie vielleicht dachten, sie wäre nur noch in Träumen da.
LG

Zanderwürstel auf Fenchelkraut mit Flusskrebsen und Wacholder

Zutaten

Für die Würstel:
500 g Zanderfilet ohne Haut und Gräten
50 g Hühner- oder Kalbsfett
500 g Schlagobers
100 g Crème Fraîche
100 g Petersilie gehackt
Naturdarm, Meersalz fein, Pfeffer aus der Mühle, Zitronenzeste, Thymian, Korianderkörner fein, Noily Prat
8 Flusskrebse
20 g Zucker
50 g Salz
1/2 Bund Dill
1 l Wasser

300 g Fenchel in feinen Streifen
60 g Zwiebeln fein gehackt
100 ml Weißwein
50 g Butter kalt in Würfeln
Paprika- oder Balsamessig
1 Knoblauchzehe
Salz, Pfeffer, Majoran frisch, Wacholderbeeren, Gin

Zubereitung

Würstel: Zanderfilet klein schneiden, mit Gewürzen und Fett vermischen, gut gekühlt mit Obers und Noilly Prat fein pürieren. Gekühlte Crème Fraîche mit Petersilie vorsichtig unterheben. Abschmecken, 15 Minuten kühl stellen, in Naturdarm füllen oder zu kleinen Knödeln formen. Bei niedriger Hitze braten. Wasser aufkochen, Dill, Zucker und Salz zugeben und die noch lebenden Krebse darin 5 Minuten kochen. Zwiebel in etwas Öl anschwitzen. Fenchel darin kurz rösten, mit Weißwein zugedeckt weich dünsten, mit Gewürzen und Essig abschmecken und mit kalter Butter vollenden.

Restaurant Kardos

Restaurant Kardos
Stefan Kardos Gesellschaft m.b.H

Dominikanerbastei 8
A-1010 Wien

Telefon 00 43 (0) 1 / 512 69 49
Telefax 00 43 (0) 1 / 512 95 89

Ruhetage: Sonntag, Montag

Prächtige Schnitzarbeit am Portal aus Siebenbürgen signalisiert, was den Gast im Inneren des Restaurants Kardos erwartet, ohne jedoch gleich alles zu verraten. Wer sich jemals fragte, woher die Bühnenbildner ihre Anregungen für Gasthöfe in k.u.k. Operetten oder den „Sissi"-Filmen nehmen, erhält gleich nach dem Eintritt die Antwort. Dunkles Holz beherrscht das Kaiserstüberl im Erdgeschoss, in dem jeder Tisch in einer eigenen Nische unter einem handgemalten Wappen steht. Das Schubertrelief ist der Blickfang auf der einen, ein alter offener Kamin auf der anderen Seite des Raumes. An der Schank vorbei geht es hinunter in die Pince, die Kellerstüberl, die sich als Veranstaltungsräume für Feste aller Art für bis zu 140 Personen sehr gut eignen. Im folkloristischen Mátyás Pince verbirgt sich ein High-Tech-Zentrum mit versenkbarer Leinwand, Dolby-Surround-Audiosystem, mit Computeranschlüssen und Fernbedienungen für die Multimedia-Geräte. Ob ein Vortrag mit Overheadprojektor geplant ist, oder bei der Geburtstagsfeier eine DVD abgespielt werden soll, die technischen Voraussetzungen dafür sind gegeben und werden laufend erweitert.

Tradition und Moderne miteinander zu verbinden, gelang dem jungen Team um Robert Kardos, der das Lokal von seinen Eltern übernahm, bei der Renovierung der Räumlichkeiten. „Die Arbeiten an der Ausstattung vor einigen Jahren machte viel Freude. Viele meiner Ideen habe ich mit eigenen Händen verwirklicht", sagt Robert Kardos, dessen Familie ursprünglich aus Siebenbürgen stammt, und 1270 erstmals urkund-

lich erwähnt wird. In den 60er Jahren des 20. Jahrhunderts kamen seine Eltern nach Österreich und eröffneten 1975 das Restaurant an der Dominikanerbastei mit dem Anliegen, die wunderbaren Speisen der k.u.k. Zeit, der Zeit der Donaumonarchie, nicht in Vergessenheit geraten zu lassen. Die Küchencrew unter Emmanuel Hauer verwöhnt die Gäste heute mit einer verfeinerten und leichteren Variante dieser Tradition, wobei das Gulasch im Mittelpunkt steht. Weil dem Küchenchef von dieser Speise zahllose Variationen bekannt sind, wird das Angebot auf der Speisekarte in regelmäßigen Abständen auch nach Saison verändert. Kürbisgulasch, Schwammerlgulasch und Wildgulasch gibt es zu den entsprechenden Jahreszeiten. Die „Gulaschtrilogie" ist eine Möglichkeit, wenigstens drei davon an einem Abend zu genießen. „Authentizität ist uns dabei sehr wichtig, weswegen auch das Weinangebot aus exzellenten Tropfen aus den k.u.k. Ländern besteht", sagt Robert Kardos. Wer richtig in der Vergangenheit schwelgen und zum Beispiel kosten möchte, was der echten Kaiserin Sisi so mundete, für den gibt es spezielle Menüs nach historischen Vorlagen. „Darüber hinaus versuchen wir mit dem Restaurant Kardos einen umweltgerechten Weg zu gehen und sind Träger des nach strengen Richtlinien vergebenen, Umweltzeichen Tourismus', einem Gütesiegel von Ökologieberatern."
Zigeuner- oder Operettenmusik begleitet die Gäste, wenn sie dem Wahlspruch des Lokals folgen, der lautet: „Tauchen Sie ein in eine längst vergangene Zeit." LG

Kaisergulasch

Zutaten

1 kg Kalbsschulter oder -vögerl
200 g Zwiebeln
4 EL Öl
4 dl Wasser
1/8 l Sauerrahm
20 g Paprikapulver, edelsüß
20 g Mehl glatt
Salz
Zitronensaft
Schale einer Zitrone
250 g Champignon
scharfe Pfefferoni

Zubereitung

Ausgelöstes Kalbfleisch in etwa 3–4 cm große Stücke schneiden. Öl erhitzen, Zwiebeln hellbraun rösten und Paprikapulver untermengen. Durchrühren und sofort mit kaltem Wasser ablöschen. Kalbfleisch untermengen, andünsten, salzen. Mit etwas Wasser aufgießen, Zitronenschale und Saft untermengen. Die Pfefferoni sorgen für die Schärfe, also fein schneiden und je nach Geschmack mitdünsten. Fleisch zugedeckt im Backrohr oder am Herd ca. 1 1/2 Stunden kernig weich dünsten. Fleisch aus dem Saft heben. Sauerrahm mit Mehl gut versprudeln und in den kochenden Saft einrühren. Einige Minuten verkochen lassen, würzen und mixen oder durchpassieren. Fleisch und fein geschnittene Champignons nochmals in den Saft geben und erwärmen. Tipp: Ingwer statt Zitronenschale gibt dem Gulasch eine sehr interessante Note.

Restaurant Pressburg

Die Slowakei ist ein Land im Herzen Europas, das an „Großmutters Truhe“ erinnert: Du machst sie auf und plötzlich duftet es nach Thymian, Majoran und getrockneten Lindenblüten.
Eine kleine Truhe dieser Art kann man auch in Simmering öffnen. Sie liegt im 2. Stock des modernen Einkaufszentrums mit der blauen Glas-Stahlfassade.
Mit dem Lift gelangt man von einer typischen Shopmeile des 21. Jahrhunderts hinauf zu einem Restaurant, das auf überraschende Weise ein kulinarisches Stück Wien vergangener Tage bewahrt.
Das ist das Restaurant „Pressburg“, benannt nach der deutschsprachigen Bezeichnung der Hauptstadt der Slowakei, Bratislava. Mit viel Liebe zum Detail wurde dieses Lokal ausgestattet. Die Wände erhielten ein warmes Sonnengelb, das mit Mint kombiniert ist. Die farbenfrohen Bilder eines jungen Künstlers aus Bratislava zieren die Wände, und aus der Zeit der Monarchie stammen die Bilder der „Kastilie“, der Schlösser und Burgen der Slowakei. All dies verleiht dem Restaurant ein angenehmes, niveauvolles und gemütliches Ambiente, das zum Eintreten und Verweilen einlädt.
Hier befindet man sich in Wiens einzigem Restaurant mit ausschließlich slowakischem Team. Das Schicksal führte Herrn Korec und Herrn Blazek nach Wien, wo sie 1997 das Restaurant „Pressburg“ eröffneten.
Herr Blazek ist der Herr der Töpfe und Pfannen und verwöhnt den Gast mit selten angebotenen böhmischen Knödeln aus Germteig zu Prager Rindsbraten, Dukatenbuchteln mit Vanillesauce oder anderen Spezialitäten aus der Zeit der k.u.k. Monarchie. Auf der Speisekarte findet man neben vielen Hausspezialitäten auch Trennkostgerichte und ein spezielles Seniorenangebot.

Restaurant Pressburg
Korec und Blazek OEG

Simmeringer Hauptstrasse 96a
A-1110 Wien

Telefon 00 43 (0) 1 / 74 33 181

Ruhetag: Sonntag

Herr Korec sagt: „Viele bieten spezielle Menüs für Kinder an und ich dachte mir, warum nicht auch für Senioren?!" So wurde diese Idee zum ersten Mal in Wien in die Tat umgesetzt. Selbstverständlich sind auch die „Kleinen" gern gesehene Gäste, weshalb viele Speisen auch als Kindermenü angeboten werden.
Herr Korec bewirtet seine Gäste in charmanter und humorvoller Weise, außerdem ist er für das Management zuständig. Um den Genuss abzurunden, gibt es unter anderem auch Starobrno, das Brünner Bier vom Fass, Becherovka oder slowakischen Zwetschkenschnaps.

Auch die slowakische Botschaft und die Tourismusagentur der Slowakei zählen zu den begeisterten Kunden dieses gemütlichen Lokals, das im Festsaal nebenan ganze Ballgesellschaften verköstigt, wie jene des roten Herzenballs oder des Schuhballs – um nur einige zu erwähnen.
Selbst wenn man „Großmutters Truhe" wieder schließt, wird der Duft von Thymian, Majoran und getrockneten Lindenblüten noch lange in Erinnerung bleiben.
LG

Slowakisches Geschnetzeltes „Zbojnik"

Zutaten

400 g Schweinsschulter
1 Zwiebel
2 Paprika
2 Tomaten
Schmalz oder Öl
1 EL Tomatenmark
2 Zehen Knoblauch
Salz
Paprikapulver

Kartoffelpuffer

500 g Kartoffeln
Mehl glatt
Milch
1 Ei
Knoblauch
Salz
Majoran
Pfeffer schwarz
Schmalz oder Öl

Zubereitung

Zwiebel und Fleisch in kleine Würfel schneiden, Schmalz oder Öl in einer Pfanne erhitzen, darin die Zwiebel leicht anrösten, dann das Fleisch dazugeben und mitrösten. Das angebratene Fleisch mit Salz und Paprikapulver würzen, mit etwas Wasser aufgießen und dünsten bis es weich ist. In einer anderen Pfanne Schmalz oder Öl erhitzen, klein geschnittene Paprika, Tomaten und Knoblauch hinein geben und mit dem Tomatenmark dünsten bis die Paprikastücke weich sind. Zum Fleisch geben und verrühren. Kartoffeln grob reiben und mit den anderen Zutaten vermischen. In einer Pfanne Schmalz oder Öl erhitzen und aus der Masse vier Kartoffelpuffer formen. Diese Kartoffelpuffer werden dann mit dem Fleisch gefüllt und serviert. Als Beilage eignen sich Krautsalat, frisches Gemüse oder Salzgurken.

Da Moritz

Die perfekte Gastlichkeit der Familie Huth macht in der Wiener Schellinggasse schon seit der Eröffnung des Restaurants Huth vor einigen Jahren ziemlich Furore – nun gesellt sich seit Anfang März 2006, gleich schräg vis-à-vis des Stammhauses, ein weiterer Treff für alle Freunde der mediterranen Küche und Lebensart dazu: „da moritz“ ist ein herrlicher Mix aus einem Restaurant auf zwei Ebenen und einem lockeren, relaxten Barbereich und Schanigarten, wo man tagsüber schnelle Gerichte wie Antipasti, Prosciutto oder eben mal schnell einen cremigen Capuccino genießen kann. Gestaltet wurde der neue Italien-Treff von Architekt Wolfgang Graswander, der eine zeitgemäße, klare und sehr luftige Innengestaltung mit Verwendung von viel Holz und Licht schuf. Namensgeber für das Lokal ist kein Geringerer als der nun 3-jährige Filius Moritz von Robert und Gabriele Huth, der nicht nur seinen Eltern Neues in die Welt brachte, sondern nun mit seinem Namen auch neuen Pepp in die Gastro-Szene der Wiener Innenstadt bringt.

Die Kulinarik des „da moritz“ untersteht in bewährter Weise dem Haubenkoch Alexander Mascha, der auch die Küche der Gastwirtschaft Huth bestens leitet. Nun kreiert er speziell für das „da moritz“ italienische Klassik mit seiner eigenen unverwechselbaren Note: Die Pasta wird jeden Tag in der Früh selbstgemacht und das Angebot bei Fisch und Pasta wechselt ständig – so kann man einmal Ricotta Ravioli mit Rucola und geschmolzenen Tomaten wählen oder ein andermal die Linguine Vongole oder Ravioli mit Flusskrebsen. Die Standardkarte bietet

Da Moritz
Restaurant Bar Vinothek Huth

Schellinggasse 6
A-1010 Wien

Telefon 00 43 (0) 1 / 512 44 44

Köstliches wie Lammrücken auf warmer Peperonata und gebratener Olivenpolenta, Huhn auf geschmortem Gemüse und hausgemachten Nudeln, eine köstliche Beiriedschnitte auf Rucola mit Parmesan oder eine zarte Kalbsleber auf venezianische Art mit cremiger Polenta. Knackige Salate, ein typisch italienisches Vorspeisenangebot und Desserts, die alle süßen Wünsche zufriedenstellen, runden das mediterrane Angebot ab. Zu den Käsevariationen wie auch zu allen anderen Speisen wird man weinmäßig auf das Allerbeste verwöhnt: Der Hauswein vom Winzerhof Setzer und Braunstein sowie insgesamt eine phantastische Auswahl an rund 350 verschiedenen Rebsorten kann man in der Vinothek des „da moritz“ wählen oder sich vom Vinothekar beraten lassen. Die hauseigene Vinothek ist übrigens im Keller untergebracht und beim Ausbau stieß man dabei auf Reste der alten Stadtmauer Wiens, die äußerst sorgfältig freigelegt wurde und die man, etwa bei einer der zahlreichen Verkostungen des Hauses, dabei gleich besichtigen kann. Durch die gute Zusammenarbeit mit der Firma Kolarik gibt es köstliches Budweiser und Grieskirchner Bier vom Fass. Der rührige Restaurant-Leiter Michael Wiesinger, in den Top-Häusern Europas praxiserfahren, kennt alle Gäste des „da moritz“ und sorgt für die Servicequalität, die dem Niveau der Küche und dem hohen Anspruch der Familie Huth entspricht.
MM

Bistecca alla fiorentina
Für 2 Personen

Zutaten

1 Rinder Hochrippe à 1,2 kg
etwas natives Olivenöl
Salz, frisch gemahlener Pfeffer
Rosamarin, Thymian

Zubereitung

Das Steak mit Olivenöl bestreichen, mit Pfeffer würzen und bei Raumtemperatur ca. 30 Minuten ziehen lassen.
In der Zwischenzeit den Grill vorheizen. Das Steak auf den Rost legen und unter gelegentlichem Wenden von beiden Seiten grillen, bis der gewünschte Gargrad erreicht ist. (Falls Sie das Steak rosa gebraten möchten, so beträgt die Grillzeit zwischen 15 und 20 Minuten).
Das Steak auf einem Holzbrett anrichten, mit Salz nachwürzen und mit frischen Kräutern bestreuen.
Dazu reicht man Rosmarinkartoffeln und Blattsalat.

Trattoria Al Caminetto da Mario

Trattoria
Al Caminetto da Mario
Mario Collot
Lanterna Gastronomie Betrieb GmbH

Krugerstraße 4
A-1010 Wien

Telefon 00 43 (0) 1 / 513 97 79
Telefax 00 43 (0) 1 / 513 95 37

Marios Kamin, der „Caminetto" eben, liegt im Zentrum Wiens, nahe der Staatsoper in einer Seitengasse der Kärntnerstraße. Der Trottoirgarten unter der Markise ist mit Polstersesseln bestückt, die zum Verweilen einladen. Drinnen herrscht das florentinische Terracotta vor, eine warme Farbe, die Wände, Stofftischtücher und Servietten schmückt. Mario Collot, der Padrone, der ganz und gar dem Bild des italienischen Wirts entspricht, übernahm das Lokal vor vier Jahren und machte daraus eine Trattoria in gehobenem Stil. Der vordere Teil mit der großzügigen Bar bietet an mehreren Vierertischen Platz zum zwanglosen Pizza- oder Pastagenuss mit Blick auf die Fußgängerzone, hinten liegt der Bereich zum Tafeln – auch für größere Gesellschaften. Für geschlossene Feste bis zu 60 Personen gibt es im ersten Stock ein Extrazimmer, zu dem bei den entsprechenden Anlässen ein romantischer Kerzenweg die Treppen empor führt. „Feierlichkeiten sind etwas Besonderes", schwärmt Herr Collot, „unsere italienische Seele blüht von Herzen auf, wenn Menschen zusammen feiern. Mit Begeisterung schaffen wir im Al Caminetto den Rahmen für Festlichkeiten aller Art." Der gastfreundliche Chef persönlich wählt erlesene internationale Weine aus und bietet exklusiv im Eigenimport eine Spezialität aus seiner engeren Heimat an, den fruchtigen, erfrischenden Prosecco aus Conegliano im Veneto.

1979 eröffnete Mario Collot seine erste Pizzeria in Wien, 1982 folgte eine zweite in der Schönlaterngasse. Er feierte die Gründung einer ersten „Trattoria al Caminetto" am Neuen Markt 1990 und seit 2002 erfreut sich die gleichnamige Trattoria in der Kru-

gerstrasse größter Beliebtheit. Küchenchef Davide verwöhnt hier die Gäste mit der klassischen italienischen Küche. Kenner wählen die Gerichte übrigens nicht immer nur von der Speisekarte, denn für die Hauptgerichte halten die Kellner meist Empfehlungen bereit. Diese Spezialitäten richten sich nach den Angeboten der Saison. Davides köstliches selbst gemachtes Pesto zu Linguine etwa enthält viel frisches Basilikum, das noch dazu aus hauseigener Produktion stammt. Pinienkerne geben den zart-nussigen Geschmack und etwas Knoblauch die richtige Würze. Im Herbst werden die Paste im „Al Caminetto" mit der weißen Trüffel veredelt. Die weiße Albatrüffel zieht Herr Collot der schwarzen vor. „Ihr Aroma ist unvergleichlich. Nur bei ihr stimmt das Preis-Leistungsverhältnis wirklich." In der rustikalen italienischen Küche ist Milchlamm ebenso vertreten wie Saltimbocca, das sind Kalbsmedaillons mit Rohschinken und Salbei, oder „Bistecca alla Fiorentina", wie in Italien T-Bone-Steak genannt wird, und so haben also auch Liebhaber deftiger Fleischgerichte in der Trattoria „da Mario" die Qual der Wahl.
Je nach Saison gibt es Steinpilze und spezielles Pesto, Jakobsmuscheln, Sarde in Saor, Vongole Veraci, Insalata di mare, Fisch, Meeresfrüchte, Gamberoni und Branzino. Bei diesen Gerichten, einem Bellini, und erlesenen Weinen fühlt man sich flugs wie im Urlaub.
LG

Linguini ai Scampi

Zutaten

12 frische Scampi
200 g Linguini
2 kleine Zwiebeln
6 Knoblauchzehen
400 g Tomatensauce
1/2 l Weißwein
4 cl Cognac
1 Bund Petersilie
Salz, Pfeffer

Zubereitung

Zwiebeln und Knoblauch klein schneiden und in Olivenöl leicht anrösten. Die Scampi waschen, dann vorsichtig am Bauch aufschneiden, die Schale etwas auseinander ziehen, jedoch nicht entfernen. In die Pfanne geben, kurz anbraten und mit Weißwein ablöschen. Tomatensauce und Cognac beifügen, 10 Minuten auf kleiner Flamme köcheln lassen. Mit Salz und Pfeffer abschmecken. Linguini in kochendes Salzwasser geben und al dente kochen, danach abseihen und mit der Scampi-Sauce vermischen. Zum Schluss die Petersilie klein hacken und darüber streuen.

Ristorante Paolo

Aus dem Alltag entführen möchten Herr und Frau Cavic ihre Gäste im Ristorante Paolo in Wiens drittem Bezirk. In dem mediterranen Ambiente gelingt dies auf Anhieb schon beim Betreten des Lokals, das für seine italienischen Fischspezialitäten bekannt ist. Ein offener Kamin vermittelt Gemütlichkeit und wer das Glück hat, den Platz in der Vinothek im hintersten Winkel des Lokals zu bekommen, fühlt sich fast schon wie in seinem privaten Weinkellergewölbe. Zum besonderen Erlebnis wird das vor allem an Samstagen, wenn das Candle-light-Dinner stattfindet.

In drei separaten Räumen für geschlossene Gesellschaften können Partys und Feste zelebriert werden, wobei das Team um Herrn Cavic mit Menüvorschlägen behilflich sein kann. Schon am ausgedehnten Meeresfrüchtebuffet werden Inspirationen dafür geboten und der offene Grill kommt nicht nur freitags, wenn Fischabend ist, zum Einsatz. „Gerne gehen wir auf die individuellen Wünsche und Bedürfnisse unserer Gäste ein, egal, ob es sich um eine größere Gesellschaft handelt, die bei uns ein Jubiläum, die Hochzeit oder einen Geburtstag feiert, oder um den Einzelgast, der seine speziellen Vorlieben hat, unser Personal ist darauf bestens vorbereitet", sagt Herr Cavic, der das Restaurant seit 1985 führt. „Natürlich bieten wir die meisten mediterranen Köstlichkeiten an, vor allem aber Fisch in verschiedenen Variationen. Da wir nur frische Ware ver-

Ristorante Paolo

Paulusgasse 8
A-1030 Wien

Telefon 00 43 (0) 1 / 713 42 73

wenden, wechselt die Speisekarte nach der Fangausbeute." Die kulinarische Vision einer leichten, gesunden und sparsam gewürzten Küche basiert auf uralten Rezepten aus den zwanzig Regionen Italiens. Vor den Augen des Gastes werden die Gerichte zubereitet, so dass das Speisen zu einem echten „Konzepterlebnis" wird. Um dieses Konzept abzurunden, wird auch die Tischdekoration in das Erlebnis einbezogen, die nach Saison oder nach Themenvorgaben gestaltet wird. Die Philosophie dahinter lautet, für das Gastgewerbe ziemlich revolutionär: „Der Kunde ist Partner". Die Bindung zum Kunden wird im Ristorante Paolo sehr gepflegt, wobei der Austausch mit den Gästen im Vordergrund steht. „Nur so ist es möglich, dem Gast einen maßgeschneiderten Service zu bieten, der seinem Geschmack entspricht und den kulinarischen Genuss mit Themen verbindet, die seiner Interessenswelt entsprechen. Wir möchten unsere Gäste stets aufs Neue faszinieren."

So kann ein Besuch im Paolo in gewisser Weise zu einem Ausflug in eine malerische italienische Landschaft geraten, mit dem Bouquet an Düften und Geschmäckern von Carpaccio, Prosciutto, Scampi und „Cozze a nostra maniera", nach Art des Hauses also. Dazu gibt es eine riesige Auswahl passender Weine. In der warmen Jahreszeit wird im ausgedehnten Gastgarten unter beigeblauen Markisen serviert.

Zum Abschluss eines solchen Festmahles wählt der Gast aus verschiedenen Desserts und sind dann immer noch Wünsche offen, lässt man sie sich in der Grappabar erfüllen. Oder man wählt eine der kostbaren Zigarren aus dem Humidor – denn Partnern von Paolo werden alle Wünsche erfüllt.

LG

Seezunge in roter Pfeffersauce

Für 1 Person

Zutaten

250 g Seezungenfilet
2 Kartoffeln
1 Hand Rucolasalat
4 Cherrytomaten
1 TL rote Pfefferkörner
1/8 l Fischfond
1 EL Butter
Salz
Öl

Zubereitung

Das Seezungenfilet salzen und in einer Pfanne oder auf dem Grill von beiden Seiten braten. Die Kartoffeln schälen, in Scheiben schneiden, salzen und in wenig Öl braten. Danach beiseite stellen. Den Rucola waschen und kurz in einer Pfanne braten. Die Butter in einem Topf auf dem Herd schmelzen lassen, halbierte Cherrytomaten, Fischfond und die roten Pfefferkörner dazugeben. Danach etwas salzen.

Servieren

Man verteilt zuerst die Sauce auf einem Teller, dann schichtet man die Fischhälften abwechselnd mit den Kartoffeln übereinander. Über das ganze drapiert man zum Abschluss den Rucolasalat.

ZIMOLO

Ristorante

Ins Zimolo geht man am besten, um sich überraschen zu lassen. Renato Zimolo gründete dieses original italienische Ristorante nahe dem Stephansdom im Jahr 2001. Das Lokal in elegantem Trattoria-Stil, das in Wiens ältestem Teil in pittoresker Nachbarschaft zum Figaro-Haus liegt, bietet nämlich keine Menüs an. Die Speisekarte besteht aus Spezialitäten verschiedener Regionen Italiens, denn der Küche stehen Michele aus dem nördlicheren Jesolo und Emilio aus Benevento bei Neapel vor. Beide verstehen sich auf die traditionelle italienische Kochkunst und ziehen den klassischen Kochstil dem modischen vor. Ordert der Gast zwei, drei oder vier Gänge „alla sorpresa" – „nach Art der Überraschung" –, so werden die Küchenchefs kreativ und fertigen eine einzigartige Speisefolge vom Besten, was die Vorratskammern hergeben. Gefüllt werden diese Kammern hauptsächlich mit frischen Mittelmeerfischen, die im Zimolo authentisch zubereitet und gewürzt und zumeist – wie es in der italienischen Spitzengastronomie von jeher üblich ist – bei Tisch filettiert werden. Manche Leute behaupten sogar, in den denkmalgeschützten Gewölben des Zimolo könne man besser italienisch essen als in Italien.
Der Gründer des Lokals, Renato Zimolo, kam vor 28 Jahren nach Wien und brachte den Wienern in mehreren eigenen Betrieben italienische Lebensart nahe. Gastgeber des Ristorante Zimolo in der Ballgasse ist nunmehr jedoch sein Partner Carlo Borelli, für den die persönliche Betreuung seiner Gäste oberstes Gebot ist. „Wir streben danach, die Wünsche von den Lippen unserer Gäste abzulesen", sagt er. „Unsere Cucina ist schon wegen der Herkunft unserer beiden Küchenchefs regional gemischt, das Friaul, Renato Zimolos Heimat, ist natürlich mit herrlichen Weinen vertreten und aus der Toskana stammen ebenfalls viele

Ristorante Zimolo
Renato Zimolo, Carlo Borelli

Ballgasse 5
A-1010 Wien

Telefon 00 43 (0) 1 / 512 99 82
Telefax 00 43 (0) 1 / 513 99 78

Zimolos Tapas Bar

Ballgasse 6
A-1010 Wien

Telefon 0043 (0) 1 / 513 40 80

Ruhetag: Sonntag

Tapas Bar

Spezialitäten, wie unser berühmtes Wildschweinsugo, das es allerdings nur im Winter gibt.“
Auch beim Fisch bestimmen die Schonzeiten das Angebot. Nur was frisch gefangen und sofort nach Wien transportiert werden kann, wird angeboten. Zum überwiegenden Teil frequentiert darum ein Stammpublikum das Lokal, das Wert auf eine gemütliche Atmosphäre in gehobenem Stil legt. In der Vinothek des Kellergewölbes finden kleinere Gesellschaften einen Rahmen für stimmungsvolle Feste. „In unserer Enoteca lagern herrliche Weine aus verschiedenen Regionen Italiens, dem Friaul, den Colli Amadei bei Parma, der Toskana, aber auch Sizilien und Sardinien, der Piemont und Lazio sind vertreten.“ Auch ganz edle Tropfen vom Tignanello bis zum Pergole Torte harren hier der besonderen Gelegenheiten, zu denen sie entkorkt werden können.
Im Spätmittelalter war in den Räumlichkeiten des Ristorante ein Turnsaal, wo vornehme Wiener und Wienerinnen ihre Ballspiele veranstalteten, daher stammt auch der Name der Gasse. In der warmen Jahreszeit kann man die Köstlichkeiten der Küche unter einer Markise im Freien genießen, und dabei die malerische Umgebung auf sich wirken lassen.
Überquert man das Kopfsteinpflaster, findet man schräg gegenüber Zimolos Tapas Bar, das jüngste Projekt von Herrn Zimolo, das im Jänner 2006 eröffnet wurde. „Dem Mittelmeer blieb ich dabei treu, aber alles hier ist spanisch, die Köche, die Tapas, also die kleinen warmen Gerichte, und natürlich die Weine“, sagt der Chef des Hauses. Hier kann man es sich vor dem Theaterbesuch gut gehen oder einen geschäftigen Tag in angenehmer Atmosphäre entspannt ausklingen lassen, denn die Gastgeber aus Leidenschaft in den Zimolo-Lokalen folgen dem Grundsatz: „Gut essen und gut trinken ist keine Laune sondern ... ein Lebensstil!“
LG

Strozzapreti del Pescatore

Zutaten

500 g Strozzapreti (Hartweizennudeln)
200 g Shrimps
200 g kleine Tomaten
200 g Miesmuscheln
200 g Venusmuscheln
4 ringförmig geschnittene Calamari (Tintenfische)
2 cl Olivenöl
50 g frische Petersilie
3 Knoblauchzehen in Scheiben geschnitten
1/2 Zitrone
1 Glas Weißwein
frisch gemahlener Pfeffer
Butter

Zubereitung

Knoblauch im Öl anschwitzen, Miesmuscheln, Venus- oder Jakobsmuscheln, Calamari und halbierte Tomaten hinzufügen. Mit Weißwein aufgießen und erhitzen, dann die Petersilie, Zitronensaft und Pfeffer dazugeben.
Die Nudeln al dente kochen und zur Sauce geben. Zuletzt die Shrimps und ein Stückchen Butter hinzufügen, alles eine Minute vermischen und danach auf Tellern anrichten und servieren.

Zu den drei Buchteln

Was wäre die ganze Wiener Küche ohne ihre tschechischen Einflüsse? Daraus nicht wegzudenken sind beispielsweise die herrlichen warmen Mehlspeisen wie flaumige Buchteln mit Powidlfüllung, einer dick eingekochten Marmelade aus Zwetschken. Gerade diese Buchteln, und zwar mit rund 30 verschiedenen verführerischen Füllungen, erzeugten Elfriede Schachinger und ihr Lebensgefährte, Herr Vratislav Krivák, anfangs für zahlreiche Freunde und Bekannte nur im privaten Kreis. Diese Spezialitäten wurden hochgeschätzt und so ergab es sich durchaus günstig, dass die beiden in einem Alt-Wiener Wohnhaus von 1836 zwischen Naschmarkt und Margaretenplatz ein naturgetreu renoviertes kleines Gasthaus, welches vormals ein Fischrestaurant beherbergt hat, übernehmen konnten. Da Herr Krivák, ein gebürtiger Tscheche, 1979 nach Wien kam, reichlich bepackt mit vielen Originalrezepten seiner tschechischen Großmutter, stand der Eröffnung des Lokals „Zu den 3 Buchteln" rein gar nichts mehr im Wege. Elfriede Schachinger betreut nun bereits seit über 17 Jahren ein treues Stammpublikum, das sowohl aus Geschäftsleuten als auch Prominenz aus Politik und Kultur besteht, mit den schmackhaften Spezialitäten der echt böhmischen Küche, die ganz traditionell und authentisch bereitet werden.
Die Speisekarte ist beruhigenderweise klein, was stets frisch zubereitete Speisen garantiert. Zu Beginn empfehlen sich herrlich kräftige Suppen, wie die Mährische Krautsuppe oder Prager Flecksuppe, die nur im Winter erhältlich ist, gefolgt von originalen Hauptspeisen, wie gefüllte Krautnudeln mit Brösel und Speck, Gänselebertascherln auf Rotkraut, Topfenhaluschka mit Speck und Rahm, böhmische Krautfleckerl mit Vogerlsalat oder deftige Fleisch- und Grammelknödel auf warmem oder süßem Kraut. Wie erwähnt, sind es die warmen Süßspeisen, die die Herzen der Gäste höher schlagen lassen: Unvergleichlich die bereits erwähn-

Zu den drei Buchteln

Wehrgasse 9
A-1050 Wien

Telefon 00 43 (0) 1/587 83 65

Ruhetag: Sonntag

ten Buchteln, Powidltascherl aus Kartoffelteig mit Nüssen, handgewuzelte Mohnnudeln, böhmische Liwanzen mit Topfen, Rahm und Powidl oder Topfenknödel mit Lebkuchenbrösel in Powidlsauce stehen als klassische Vertreter dieser urtypischen Küche für einen einzigartigen Genuss. Für ganz besonders Hungrige ist ein Abschluss mit dem würzigen Olmützer Quargel auf Knoblauchbrot unumgänglich. Da wohl auch das böhmische Bier gerade in Wien außerordentlich beliebt ist, wartet Elfride Schachinger auch hier mit einer besonderen Spezialität auf: Neben dem herrlichen Budweiser vom Fass bietet sie das frische Velkopopovicky Kozel-Bier vom Fass an und ist damit eines der ganz wenigen Lokale Wiens, die das klassische Bier des berühmten Soldaten Schwejk ausschenkt. Dieses Bier wird in der Nähe von Prag, in der Stadt Velke Popovice seit 1874 gebraut und als Logo fungiert der „Kozel“, was auf Tschechisch Ziegenbock heißt. Österreichische Weine, glasweise ausgeschenkt, verwöhnen die Kenner eines guten Tropfens und in den „3 Buchteln“ ist die hohe Tradition der böhmischen Küche nicht nur bewahrt, sondern sie wird täglich aktiv gelebt.
MM

Gänseleber-Ravioli mit Rotkraut

Zutaten

300–400 g Stopfgänseleber
100 g Erdäpfel
3 EL Semmelbrösel
40 g Zwiebeln
1 Ei
1 EL frischer Majoran
2 EL Öl
Salz, Pfeffer aus der Mühle
1 Schuss Portwein
3 EL frischer Thymian
Erdäpfelteig nach Grundrezept
1,5 kg Rotkraut
40 g Zwiebeln
1/8 l Rotwein
40 g Butter
4 Gewürznelken
1 Sternanis
1 Prise Zimt
1/16 l Rotweinessig
2 EL Zucker
1 EL Mehl
1 Messerspitze Kümmel gemahlen

Zubereitung

Gänseleber enthäuten, in Alufolie wickeln, im Rohr bei 180 Grad ca. 20 Minuten braten. Dann durch die feine Scheibe des Aluwolfs drehen. Erdäpfel in der Schale kochen, schälen, durch den Fleischwolf passieren, mit der Leber-Masse vermischen. Gehackte Zwiebel in Öl anrösten, beifügen. Gewürze und Brösel unterrühren, mit einem Ei binden und mit Portwein abschmecken. Erdäpfelteig ausrollen, Kreise mit 8 cm ausstechen. Je einen Teelöffel der Gänseleberfülle darauf setzen, zweiten Teigkreis darauf setzen, Ränder gut zusammendrücken. In Salzwasser 10 Minuten kochen und mit Rotkraut servieren.
Für das Kraut gehackte Zwiebeln in Butter glasig rösten, feinnudelig geschnittenes Kraut sowie die anderen Zutaten beigeben, 15–20 Minuten garen. Mit Mehl stauben und 3 Minuten nachdünsten lassen.

„Wer den Weg verliert", sagen die Tuareg, jener noble Nomadenstamm, dessen Salzkarawanen durch die endlosen Dünen der Sahara ziehen: „Wer den Weg verliert, der lernt ihn kennen."
Nördlich der Sahara liegen die ans Mittelmeer grenzenden Staaten des Erdteils, die hauptsächlich von arabisch-islamischer Bevölkerung bewohnt sind, südlich der Sandwüste erstrecken sich die Staaten Schwarzafrikas den indischen und atlantischen Ozean entlang bis zum Kap der Guten Hoffnung.
Afrika ist auch „der" tropische Kontinent schlechthin mit einem gewitterreichen Regengürtel beidseits des Äquators, mit Regenwäldern, die satte großflächige Blätter tragen, mit Mangroven im Gezeitenbereich der Küsten, mit Laub abwerfenden Monsun-, und den immergrünen Galeriewäldern entlang der Flussläufe und Seen der Feuchtsavannenzone.
Afrika, die Wiege der Menschheit. Die ältesten Spuren menschlichen Lebens und sozialer Entwicklung finden sich hier. Schon bald nachdem der Homo sapiens in Afrika vor etwa 40.000 Jahren sesshaft geworden war, in Gemeinschaften lebte und Ackerbau betrieb, wurde für bestimmte Gegenden charakteristisches Getreide angebaut. In Äthiopien war es Teff, das damals wie heute das Mehl für Injera liefert. Die erste kulinarische Spezialität war geboren. Injera ist Brot,

Äthiopische Kaffeezeremonie

zugleich aber auch Teller und Werkzeug. Man isst es zusammen mit anderen Speisen, wie Fleischragout oder Gemüseeintopf. Dazu reißt man kleine Stücke des Fladenbrotes ab, und nimmt damit wie mit einer Zange das flüssigere Gericht auf. Als besonders höflich gilt es, einem Tischgenossen einen Bissen Injera in den Mund zu stecken. Die äthiopische Küche unterscheidet sich übrigens bis heute grundlegend von denen Schwarz- und Nordafrikas.

Letztere zeichnet sich durch arabische Einflüsse aus, man würzt hier stark und bändigt die ungeheure aromatische Vielfalt in den Fisch- und Meeresfrüchtegerichten, im Schaf- und Lammfleisch, mit den allgegenwärtigen Kichererbsen. Auch die Zubereitung hat vielerorts eine Jahrtausende alte Tradition: etwa in Marokko, wo wassersparend und vitaminschonend in der Tagine, einem Tontopf, gegart wird. Datteln, Mandeln, Honiggerichte und Trauben runden ein nordafrikanisches Mahl in der Regel ab. Südlich der Sahara werden Körner und Wurzeln im Mörser zu Brei zerstoßen und dann mit Saucen oder Eintöpfen zu geschmackvollen Mahlzeiten angerichtet. Hirse, Mais und Maniok bilden, zusammen mit Obst und Gemüse, die Grundzutaten für die Gerichte. Vor allem Blattgemüse wie Baobabblätter, Juteblätter, oder wilder Spinat (Morogo), sind beliebt, daneben finden sich auch bei uns bekanntere, wie Radies-

chen und Kohlrabi. Vitaminreiches Erdnussöl wird zum Kochen, aber auch als Gewürzbeilage verwendet.
Wer sich in Wien auf die Suche nach afrikanischen Spuren macht, sollte mit dem traditionsreichen, von Kardinal König 1959 als Instrument der Völkerverständigung gegründeten Afro-Asiatischen Institut (AAI) beginnen. Es ist nach wie vor einer der beliebtesten interkulturellen und interreligiösen Treffpunkte. Auf dem freien Wiener TV-Kanal Okto kann man preisgekrönte afrikanische Kurzfilme und Künstlerporträts, produziert von einem in Wien lebenden Afrikaner, sehen, und Radio Afrika bietet den Wienern neben musikalischem Hörgenuss pur community-relevante Information. Zahlreiche Initiativen präsentieren afrikanische Kultur in Wien, Vereine fördern den kulturellen Austausch, Studentengruppen unterstützen einander und afrikanische Networker bereichern Handel, Wirtschaft und Kultur.
Wer in Lokalen afrikanisch speisen möchte, findet in Wien das ein oder andere Kleinod in einer Seitengasse oder eine exotische Spezialität afrikanischer Provenienz in einer Fusion-Küche.
Aber es wäre nicht Wien, hätten nicht die Musiker das erste und das letzte Wort. So haben sich hier einige außergewöhnliche afrikanische Performer niedergelassen, die ihre wunderbare Kunst manchmal einfach aus Lust und Laune auf der Donauinsel, im Prater oder auf einer Parkwiese zum Besten geben. Anderntags legen sie dann in Diskotheken auf, unterrichten, studieren, behandeln Patienten, schreiben Artikel oder Bücher, stehen auf den großen Bühnen – oder sie bereiten ihren Freunden bei sich zuhause ein Festmahl.
„Viele kleine Leute", so sagt ein Sprichwort aus Tansania, „an vielen kleinen Orten, die viele Dinge tun, werden das Antlitz dieser Welt verändern."
LG

Cocktail Sagya Bleifrei

Zutaten

1 EL Grenadine
2 cl Sahne
2 cl Kokossirup
1/4 l Orangensaft

Zubereitung

Dieser fruchtige, erfrischende Cocktail wird im Shaker gut vermengt. Gibt man die Grenadine jedoch erst zum Schluss dazu und schüttelt dann nicht mehr, erhält er schöne rote Farbeffekte.

Sagya African Restaurant

Sagya African Restaurant
Espresso Restaurant Catering
Ibrahim Hakim-Ali Gastronomie OEG

Liechtensteinstraße 130a
(U4/U6 Spittelau)
A-1090 Wien

Telefon 00 43 (0) 1 / 310 90 99

Wer einen Streifzug durch die wohlschmeckende und vielfältige Küche Afrikas unternehmen möchte, braucht sich in Wien nur in die U-Bahn zu setzen. Nahe der von Hundertwasser gestalteten „Fernwärme Wien" liegt das Restaurant mit der besten afrikanischen Küche der Stadt. Injera aus Äthiopien, Yams-Foufou aus Togo, M'seto, ein Kochbananengericht aus Sansibar, Molochia mit Reis aus Ägypten oder sudanesische Okraschoten werden je nach Wunsch mit oder ohne Fleisch serviert. Die Rezepte für Cocofish und Wali-Na-Kuku (Huhn) stammen aus Tansania, doch gibt es im Sagya noch weit mehr zu entdecken. Umgeben von afrikanischen Skulpturen und Graffitis genießt man an gemütlichen großen Tischen Mittagsmenüs, die Gaumen und Budget erfreuen. Im sudanesisch eingerichteten Chill-Out-Room kann man herrlich entspannen, am Boden sitzen, sich in syrische Polster kuscheln oder auf arabischen Buffs liegen und sich bei Kerzenschein an einer Shisha (Wasserpfeife) oder an der Anmut der äthiopischen Kaffeezeremonie erfreuen. Vor den Augen des Gastes wird der Kaffee nach alter Tradition zuerst geröstet, dann gemahlen, auf offenem Feuer zubereitet und schließlich aus einer zweischnabeligen Kanne in Porzellanschälchen gegossen. Ein Ereignis für alle Sinne, voll unvergleichlicher Düfte und Aromen. Weine aus Nord- und Südafrika bereichern das Angebot in Ibrahim Hakim-Alis multikulturellem „Schöpfwerk", denn „Sagya heißt das Rad, das seit 2000 Jahren in Afrika Wasser aus dem Boden schöpft. Es ist ein Symbol für Nahrung und Leben."

Dem Musiker, Literaten und ehemaligen Germanistikstudenten geht es auch um den Austausch zwischen den Kulturen. Er organisiert Filmabende, monatliche Treffen des von ihm gegründeten offenen „Vereins zur Förderung von internationalem Kulturaus-

tausch", Lesungen, sowie Live-Musik-Abende mit afro-kubanischen und afro-brasilianischen Rhythmen. Gerne stellt er die Räumlichkeiten auch für Feste und Partys zur Verfügung. Das Catering des Sagya kann sich in der Tat sehen und schmecken lassen, arbeitete der Koch doch lange Jahre für diverse Konsulate und versteht es hervorragend, auf die Wünsche seiner internationalen Gästeschar einzugehen.
LG

Sagya Dschungeltopf

Zutaten

4 Süßkartoffeln
2 Kochbananen
4 Kartoffeln
4 Karotten
2 Zucchini
400 g Weißkraut
4 Zwiebeln
1/8 l Kokosnussmilch
frischer Ingwer
Curry
Salz, Pfeffer, Öl

Zubereitung

Kartoffeln, Kochbananen und Karotten schälen und in mundgerechte Stücke schneiden. Zucchini waschen und ebenfalls klein schneiden. Die gehackten Zwiebeln in einem großen Topf mit etwas Öl anrösten.
Die klein geschnittenen Zutaten werden nacheinander in einer Pfanne mit wenig Öl geröstet, bis sie bissweich sind. Dann gibt man sie in den Topf mit den gerösteten Zwiebeln. Man mischt vorsichtig durch, salzt, pfeffert und würzt mit Curry je nach Geschmack.
Den Ingwer in feine Blätter schneiden oder klein würfeln und ebenfalls in den Topf geben. Den Dschungeltopf vom Feuer nehmen und zum Schluss, kurz vor dem Servieren, die Kokosmilch dazu geben.

Makossa

Makossa
Brenda's Café Restaurant
Brenda Tuppa

Neustiftgasse 30
A-1070 Wien

Telefon 00 43 (0) 1 / 957 81 36
Mobil 00 43 (0) 676 / 446 32 39

„Gehen wir auf einen Generaldirektor“, heißt es neuerdings in Wien, wenn man sich einmal ein wirklich ausgefallenes lukullisches Erlebnis gönnen möchte. Des Generaldirektors Fleisch ist zart, und schmeckt durch die Zwiebel würzig, die exotische Note erhält es durch köstliche Kochbananen. Originell, wie der Name dieses beliebten Gerichtes aus Hühnerfleisch, ist das gesamte Lokal im siebten, dem Künstlerbezirk.
Früher ein Altwiener Gulaschwirt, serviert hier seit 2005 die aus Kamerun stammende Brenda Tuppa nun afrikanische Köstlichkeiten aus Yam, Okra, Kokos und Maniok. Die guten Beats aus den Boxen und Brendas Elan tragen das ihre dazu bei, dass man sich schon nach kurzer Zeit in einer anderen Welt wähnt. In Makossa eben.
Dort finden zahlreiche Events statt, vom Open-Air-Fest mit Buffet und Live-Musik, bis zu Privatpartys und Festen aller Art, auch Caterings und Hauslieferungen werden von der engagierten Unternehmerin organisiert. Im Winter feiert man drinnen bei Vorführungen von afrikanischen Tanz-DVDs oder bei Auftritten afrikanischer Musiker und Musikerinnen. „Makossa heißt ‚Happy Moving'“, sagt Brenda. „Glückliches Bewegen“ also, und diese Lebendigkeit steckt an. Zwei Fernseher sind bei Bedarf ebenfalls vorhanden. „Ich möchte ein Lokal, das offen für alle ist. Wir freuen uns, wenn unsere Gäste sich entweder von den bekannten Gerichten, wie unserem International Fast Food-Angebot verwöhnen lassen, oder genauso, gelöscht wenn wir ihnen zeigen dürfen, wie gut die authentische Küche unseres Kontinents schmecken kann.“ Liebhaber von

Cocktails können ebenfalls außergewöhnliche Entdeckungen machen, ist das Lokal doch für seine afrikanischen Schnäpse berühmt, mit denen so mancher Drink veredelt wird. Der „Alomobitter" im „Daiquiri Makossa" soll ungeahnte Kräfte wecken können, denn er besteht aus Wurzeln mit aphrodisierenden Inhaltsstoffen.

Aber man muss doch aus Makossa wieder zurück nach Österreich, und dazu bestellt man am besten Kaffee. Dieser wird auf die mittlerweile sehr seltene klassische österreichische Art – mit dem berühmten Glas Wasser nämlich – serviert.
Auf einmal ist man wieder in Wien. In einem sehr lebensfrohen Wien. LG

Ndole (Kameruner Gemüsetopf)

Zutaten

1 kg Bitter Leaf (Bitterblatt, ersatzweise Blattspinat)
2 Schalen gemahlene frische Erdnüsse
1/2 kg Crevetten
1 großer grüner Paprika (klein geschnitten)
1/4 kg geräucherter Fisch (klein geschnitten)
2 große Zwiebeln
2 Maggi Suppenwürfel
Öl, Ingwer, Knoblauch, Salz und grüner Pfeffer nach Geschmack
Wasser

Zubereitung

2 l Wasser zum Kochen bringen, die klein geschnittenen Bitter Leafs für 5–10 Minuten darin kochen. Herausnehmen und mit fließendem kalten Wasser abschrecken, beiseite stellen.
1/2 l Wasser zum Kochen bringen, die gemahlenen frischen Erdnüsse beifügen, dann den Fisch, Paprika, den gepressten Knoblauch, Ingwer, Suppenwürfel und zuletzt die Crevetten dazugeben, ca. 5–10 Minuten kochen, danach das Bitter Leaf zufügen.
In einer Pfanne etwas Öl erwärmen und die kleingeschnittenen Zwiebeln glasig anschwitzen, über den Gemüsetopf geben und diesen mit Couscous, Reis oder Kartoffeln als Beilage servieren.

Reise durch Asien

Bunt und exotisch wie kein anderer Kontinent präsentiert sich Asien – nicht nur von seiner Kultur, seinen Menschen, Riten, religiösen Gewohnheiten, sondern auch mit seiner Kochkunst. Asien, das Wort ist assyrisch und bedeutet „Sonnenaufgang", ist die größte Kontinentalmasse der Erde und nimmt damit ein Zwölftel der gesamten Erdoberfläche ein. Allein die Nord-Süd-Linie des Festlandes umspannt 8.600 km; die West-Ost-Achse runde 11.000 km. Für Europäer unvorstellbare Größenordnungen, vor allem auch, wenn man bedenkt, dass mehr als 3,3 Milliarden Menschen dort leben. Darunter sind die Chinesen das zahlenmäßig stärkste Volk, die mehr als ein Fünftel der Weltbevölkerung ausmachen. Die mehr als 3000 Jahre alte Geschichte des Kontinents begann im Süden Mesopotamiens mit der ersten Hochkultur: jene der Sumerer. Die Sumerer gründeten die ersten Städte und sie entwickelten die erste Schrift. Im 6. Jahrhundert vor Christus entstand die zweite Hochblüte, wobei die Perser ihre Herrschaft über ganz Kleinasien ausdehnten. Nachdem die Perser von Alexander dem Großen unterworfen wurden, entstand nun in China um 1500 vor Christus die dritte Hochkultur unter der Shang-Dynastie. Unter der Tang-Dynastie vom sechsten bis neunten Jahrhundert erlebte China eine blühende Epoche. Nach der Herrschaft der Mongolen traten die Türken im Mittelmeerraum unter Osman I. die Nachfolge an und schufen bis zum 16. Jahrhundert das vom Islam geprägte Osmanische Reich. Die Wege von Asien zum Mittelmeer wurden durch die Türkenkriege unpassierbar und so begannen die europäischen Staaten, die auf Seehandel eingerichtet waren, die Meere um Afrika herum stärker zu befahren, um den Austausch der gefragten Handelsgüter aufrecht zu erhalten. Das Zeitalter der europäischen Entdeckungsreisen hatte damit begonnen. Schon damals waren vor allem Seidenstoffe (die Seidenstraße) und Gewürze die gefragtesten Güter, die sich in Europa jedoch nur die allerreichsten Bevölkerungsschichten, vor allem der Hochadel, leisten konnten. Genau diese Gewürze spielen bis in die heutige Zeit hinein die wichtigste Rolle der asiatischen Küche, die ihrerseits natürlich durch die gewaltige Größe des Kontinents große Unterschiede aufweist. Grundsätzlich wird alles gegessen: Je nach Vorkommen im Land sind alle Fleischsorten oder an den Küsten auch Fisch- und Meerestier-Arten vertreten – bemerkenswert dabei ist, dass es oft viel kürzere Garzeiten dabei gibt, als in der europäischen Küche, die oft lange Brat-

Wok&More

康樂飯店

oder Kochzeiten aufweist. Fleisch spielt aber oft nicht die Hauptrolle in der asiatischen Küche: Viel mehr ist es die perfekte Kombination der Gewürze in Verbindung mit Obst, Gemüse und Saucen, die die herrlichsten Geschmacksrichtungen ergeben. In China allerdings werden deutlich weniger Gewürze verwendet, als beispielsweise in Indien oder Regionen wie Thailand oder im arabischen Raum. Eine der ersten Gewürze, die nach Europa kamen, waren Pfeffer und Zimt aus dem Orient; viel später folgte der Ingwer, die Kardamompflanze oder Gelbwurzel, die sich bis heute in den variantenreichen asiatischen Gerichten wiederfinden. Sieht man von der traditionellen chinesischen Küche ab, so spiegelt sich in der indischen, thailändischen oder auch indonesischen Küche ein froher Mix der heute so genannten „Fusion-Küche" wieder. Hier werden traditionelle Grundstoffe mit verschiedensten anderen Zutaten und Saucen neu aufbereitet und diese leichte und sehr gut verträgliche Küche hat auch in Wien eine hohe Anhängerschaft, vor allem unter jungem Publikum. Allorts sieht man Stände oder kleinere Lokale, die Frisches aus dem Wok oder der Pfanne bieten und sich regen Zulaufes erfreuen. Ebenfalls nicht wegzudenken aus dem Wiener Stadtbild sind Sushi-Lokale, die von den Wienern auf Grund der hohen Frische der Produkte und deren zarten Geschmacks sehr geschätzt werden. Generell ist die asiatische Geschmacksrichtung in all ihrer Bandbreite – in Österreich und natürlich damit auch in Wien – hervorragend aufgenommen worden. Auch die chinesischen Lokale, von denen es rund 360 alleine in Wien gibt, werden sehr geschätzt; allerdings findet die Küche sich hier meistens in einer europäisierten Form wieder und hat mit der echten China-Küche nur recht wenig zu tun. Natürlich unterscheidet sich die asiatische Küche von der traditionellen in Europa auch dadurch, dass die Menschen dort viele verschiedene Speisen während einer Mahlzeit essen – die Kultur einer so genannten, und bei uns üblichen, Hauptspeise gibt es nicht. Deshalb stehen viele Schälchen mit den verschiedensten Köstlichkeiten auf indischen, chinesischen oder arabischen Tischen, Vielfalt und Abwechslung ist gefragt. Dieser Trend kommt zunehmend auch zu uns, dient es doch der Kommunikation und bietet alleine während eines Essens die optimale Möglichkeit, sich mit den unzähligen Spezereien einer jahrtausende alten Kochrichtung anzufreunden, die den Schritt in die Moderne perfekt geschafft hat.
MM

Japanische Teezeremonie

Zum Goldenen Fisch

Nahe des berühmten Lainer Krankenhauses in einem der schönsten Bezirke Wiens in Grünlage, befindet sich das sympathische China-Restaurant „Zum goldenen Fisch“, das bereits seit über 15 Jahren von der Familie Liu geführt wird. Zwei Schwerpunkte dominieren die Leitlinie des Betriebes: Freundlichkeit den zahlreichen Gästen gegenüber und Frische der verwendeten Grundprodukte. Fleisch und Gemüse werden ausschließlich frisch zubereitet und Herr Liu bestätigt dies in seiner Kochlinie: „Wenn eine Speise einmal gekocht ist, muss man sie sofort verbrauchen, sonst schmeckt es nicht mehr.“ Diese gute Qualität schätzen seit Jahren die vielen Stammgäste des „Goldenen Fisches“, die sich vorwiegend aus Angestellten oder Bewohnern der näheren Umgebung zusammensetzen und die während der Woche gerne auf die kleinen Mittagsmenüs oder auf ein Menü für eine Person, die je eine kleine Portion von zwei Vorspeisen und zwei Hauptspeisen bietet, untertags vorbeikommen.

Herr Honglong Liu, der seine Kochausbildung in China absolviert hat, bevorzugt den Stil der südchinesischen Küche und damit dominieren bekömmliche und vor allem leichte Speisen, bei denen Fisch und Gemüse im Vordergrund stehen.

Bohnensprossen- und Krautsalat, Frühlingsrolle, Fleischspieße, verschiedene Sorten Wan Tan, herrliche Garnelen in der Gusseisenpfanne gebraten oder auf verschiedene Art für Spezialwochen zubereitet. Lachs, gebackenes Gemüse oder Shrimps sowie andere Meeresfrüchte finden sich immer auf der breit gefächerten Speisekarte. Als Nachtisch stehen Obst, wie Lycheekompott, gebackene Früchte oder – etwas europäisiert – gebackene Maroniecken mit Schokosauce sowie flambiertes Eis bereit. Besonders beliebt sind auch die Spezialtafeln, die im „Goldenen Fisch“ immer angeboten werden:

Zum Goldenen Fisch
China-Restaurant

Rotenberggasse 4
Ecke Jagdschlossgasse
A-1130 Wien

Telefon 0043 (0) 1 / 879 80 99

die 7-Nymphen-Reistafel ist ideal für 3-5 Personen und bietet das ganze Repertoire der Küche: sauer scharfe Suppe, Frühlingsrolle, Acht Schätze, Huhn mit Champignons und Morcheln, Schweinefleisch süß-sauer, sowie knusprige Ente und Salat. Dazu reicht man gebratenen Reis, wobei Herr Liu ausschließlich den aromatischen Jasmin-Reis verwendet.

Auch die „Goldener Fisch"-Reistafel beinhaltet ähnliche Köstlichkeiten und diese variantenreichen Reistafeln kann man auch ohne Vorbestellung jederzeit genießen. Bei Geburtstagsfeiern in dem sympathischen Lokal, im klassischen chinesischen Stil eingerichtet, schenkt die Familie Liu ab sechs Personen eine Torte dazu. Es ist auch möglich, Speisen telephonisch vorzubestellen und diese mitzunehmen und daheim zu essen. Die zwei großen Säle sowie ein kleinerer Saal mit einem runden Drehtisch bieten reichlich Platz und hier lässt es sich auch auf das Feinste mit Freunden oder der Familie feiern. Besonders gut sitzt es sich im Frühjahr und Sommer im großen Sitzgarten mit altem Baumbestand zwischen zwei Springbrunnen, deren Plätschern eine entspannte Atmosphäre zaubert.

Als Getränk serviert man chinesisches Tsing-Tao-Bier, Reisschnaps oder Matei-Schnaps, viele österreichische Weine, Mango- oder Coco-Juice und sogar Brände oder Obstler.

MM

Gegrillter Lachs in Teryaki-Sauce

Für 1 Person

Zutaten

250 g Lachs
Jungzwiebel
frischer Ingwer in Streifen geschnitten
Eissalat
Pfeffer, Knoblauch gemahlen, Ingwerpulver
Teryaki-Sauce

Zubereitung

Zur Vorbereitung Eissalat klein schneiden und auf den Tellern anrichten. Lachsfilet in große Scheiben schneiden. Pflanzenöl in Wok geben und stark erhitzen. Dann die Ingwerscheiben dazu geben. Wenn der Ingwer sehr gelb geworden ist, auch die Lachsfilets dazugeben, mehrfach wenden. Jungzwiebel, in lange Streifen geschnitten, zum Öl dazugeben und die Gewürze darauf legen. Dann den Fisch mit den Zwiebeln und den Gewürzen aus dem Wok nehmen und auf den vorbereiteten Salat legen. Dann erst mit der Teryaki-Sauce übergießen.

Dazu passt am Besten aromatischer Jasmin-Reis.

Wok & More

Wenn es in der chinesischen Provinz Zhejiang Abend wird, spannen Köche am Straßenrand ihre Schirme auf, ordnen darunter auf Karren frisches Gemüse der Saison, Fleisch und Fisch und stellen zwei, drei Tische daneben. Offenes Feuer, meist aus Campinggaskochern gespeist, heizt den Wok. Einer neben dem anderen bereiten sie der Laufkundschaft zu, was diese an Rohzutaten auf die Teller gibt. Als kleiner Junge sah Shulin Gao ihnen oft zu, fasziniert vom Schein des Feuers, vom Duft des gerösteten Sesamöls, vom Geschmack der wie glasiert glänzenden, knackig heißen Leckerbissen. Mit neun Jahren verließ er mit seiner Familie seine Heimat, zuerst für Paris, vier Jahre später kam er nach Wien und sammelte in familieneigenen Chinarestaurants erste praktische Erfahrungen als Gastronom. Mit 18 stellte er sich die hohe Kunst der japanischen Küche als Ziel, lernte vorerst jedoch im Ana Grand Hotel internationale Gastronomie auf höchstem Niveau kennen. So ganz nebenbei absolvierte er währenddessen die Ausbildung zum Patissier in der Gastgewerbefachschule am Judenplatz, Wiens Kaderschmiede für Spitzengastronomen. „Ich mache etwas entweder ganz, oder ich lasse es von vorneherein bleiben", sagt der junge Unternehmer. Um den Traum von der Beherrschung der japanischen Kochkunst zu verwirklichen, kehrte er nach Paris zurück, und ging dort bei einem der weltbesten japanischen Fusion-Köche in die Lehre:

Wok & More Restaurant
Shulin Gao & Zhengmei Zhan

Karlsplatz 1
A-1010 Wien

Telefon 00 43 (0) 1 / 505 76 03

Nobu. Seit November 2005 führt er gemeinsam mit Zhengmei Zhan das „Wok & More“ am Karlsplatz und ist auch für die japanische Richtung der Fusion Küche, für Sushi und Tepanyaki Grill, zuständig.
Die Menüs wechseln im Zweiwochenrhythmus, auch à la carte kann man hier viele bekannte asiatische Köstlichkeiten bestellen, von den „Acht Schätzen“ bis zu Udon-Nudeln und Bento Box. Die Buffets mit warmen Vorspeisen und Nachspeisen sind vom Allerfeinsten. Unzählige frische Köstlichkeiten türmen sich auf dem „Food Market“: Tintenfisch, Garnelen, Champignons, Karotten, Paprika und Zucchini, Reisgnocchi und Muscheln, Morcheln und noch viel mehr. Alles fein geschnitten und alles auf Eis, denn wie bei den Straßenköchen in Zhejiang nimmt sich der Gast, wonach ihm gerade der Sinn steht, roh (!) auf den Teller, wählt eine von acht verschiedenen Saucen, die er gemeinsam mit seiner Tischnummer auf ein Post-It schreibt und an der offenen Küchenstation vor seinen Augen grillen oder braten lässt. Gegrillt wird von Herrn Shulin auf dem Tepanyaki Grill, gebraten im Wok von einem erfahrenen Wokmeister, der früher in China für Regierungsbankette verantwortlich zeichnete.
In lockerer Atmosphäre verbinden sich hier im Rahmen schicker internationaler Urbanität nicht nur japanische mit chinesischer, thailändischer und vietnamesischer Kochkunst, sondern auch die Straßen- mit der Palastküche Chinas, und das zu Preisen, bei welchen auch Studenten satt werden. Viel mehr Fusion geht wohl nicht. Und viel besser auch nicht.
LG

Gan-Bian Rindfleisch

Zutaten

In feinen Streifen (Julienne):
300 g Rindfleisch
20 g Sellerie (sehr fein)
20 g roter Paprika
20 g grüner Paprika
20 g Zwiebeln
20 g Karotten
1 Knoblauchzehe (zerkleinert)
1 Chilischote halbiert (nach Wunsch)
1 Tl Sambal-Olek
1 E
2 EL Zucker
1/2 EL Sojasauce
2 EL Tafelessig, 5%
3 EL Kartoffelstärke
Salz, Pfeffer, Öl

Zubereitung

In einer Schüssel die Fleischstücke mit dem Ei, Salz und Pfeffer gut mit den Fingern vermischen, dabei leicht kneten. In einer Kasserolle Fett auf 180° C erhitzen. Die Kartoffelstärke zügig unter das Fleisch mengen, die Stücke sollten nicht zusammenkleben. Sofort ins heiße Fett geben. Etwa 1 Minute backen, bis die äußere Schicht knusprig ist. Herausnehmen und nun die Gemüsestücke für etwa 5-10 Sekunden backen, ebenfalls beiseite stellen.
In einem Wok etwas Öl, Knoblauch und die Chilischote kurz anschwitzen. Zucker, Sojasauce, Essig und Sambal-Olek erhitzen, bis der Zucker flüssig und die Sauce dick wird, Fleisch und Gemüse dazutun. Den Wok gut schütteln, aber nicht länger als etwa 1 Minute, bis die Sauce auf den Stücken verteilt ist.

Nippon-Ya Japanmarkt

Nippon-Ya Japanmarkt
Handelsges.m.b.H.
Ayumi Kondo

Faulmanngasse 5
A-1040 Wien

Telefon 00 43 (0) 1 / 58 61 084
Telefax 00 43 (0) 1 / 58 68 421

Ruhetage: Sonn- und Feiertage

Wer in Wiens authentischstem japanischem Geschäft einkauft, kann weit mehr mit nach Hause nehmen, als „nur" sonst schwer oder gar nicht erhältliche Spezialitäten, die dort handverlesen und wohl sortiert sind. „Genussvoll zu speisen ist für Japaner der angenehmste Kurzurlaub, den sie haben können", sagt Ayumi Kondo, Chefin des Nippon-Ya in Naschmarktnähe. „Der Geschmack ist den Japanern genau so wichtig, wie das Aussehen des Essens oder aber auch die Konsistenz und wie der Bissen sich auf den Lippen, im Gaumen, zwischen den Zähnen und auf der Zunge anfühlt. Etwas von dieser Esskultur möchte ich meinen Kunden vermitteln." So kann man im Nippon-Ya eine kleine kulinarische Entdeckungsreise unternehmen. Auch der japanische Alltag ist in Form anspruchsvoller Instantgerichte vorhanden, denn unter der Woche muss es in Japan einfach immer schnell gehen.

Ayumi Kondo ist die Tochter des Gründers des ersten japanischen Restaurants Österreichs. 1972 eröffnete ihr Vater ein Luxusrestaurant und brachte so den Wienern jenes damals hier noch völlig unbekannte Reisgericht nahe, das oft mit rohem Fisch gleichgesetzt wird, in Wahrheit aber nichts weiter bedeutet, als ein speziell gewürzter Reis mit verschiedenen Toppings: Sushi. In den letzten Jahren fragen immer öfter auch Österreicher nach dessen Zutaten. Natürlich findet man bei Frau Kondo alles, was man

zu einem originalen Sushi braucht. „In Japan kocht man Sushi allerdings nicht selbst. Man geht Sushi essen. Es ist etwas, das Profis vorbehalten bleibt. Temaki-Sushi ist das Gericht, das man auch zuhause zubereitet, und welches ich gerne meinen Kunden als Alternative empfehle."
Wie es in Japan kein Haiku-Gedicht geben darf, das nicht die Jahreszeit erwähnt, so ist die Verbeugung vor dem Wandel in der Natur in Japan auch beim Essen selbstverständlich. „Nicht nur die Technik des Kochens ist ausschlaggebend, sondern die Philosophie des Speisens, ausgehend von dem ästhetischen Grundprinzip. Es sollte zum Beispiel farbenreich sein, und man verwendet hauptsächlich Zutaten der jeweiligen Jahreszeit." Da aus der modernen japanischen Küche die westliche und chinesische Küche nicht mehr wegzudenken ist, haben sich interessante Kombinationen wie Spaghetti mit Butter und Dorschrogen gebildet. Viele dieser Schöpfungen kann man fertig kaufen. Beliebt sind etwa Dorschrogen/Chilisauce, Currysaucen, japanische Mayonnaise und ein Instant-Grüntee-Eis. Außerdem rät Frau Kondo auch dazu, selbst zu experimentieren und etwa ein Dressing aus Balsamico, Olivenöl und Sojasauce zu probieren.
Man findet im Nippon-Ya auch das zu den Gerichten passende Geschirr, um die Exotik so authentisch wie möglich zelebrieren zu können. Im neu eröffneten Teehaus gleich nebenan wird ausschließlich Grüner Tee angeboten, ebenfalls in seiner echtesten Form. Herr Kondo, der früher den Österreichern japanische Kochkunst nahe brachte, erklärt heute Japanern Österreichisches. Als Autor einer Kolumne einer japanischsprachigen Zeitschrift befasste er sich jüngst mit dem Kaiserschmarren, einem Gericht also, das wohl wie kaum ein anderes an Schönheit zu wünschen übrig lässt. „Dafür schmeckt es aber Japanern genau so gut!", sagt Herr Kondo und lacht herzlich.
LG

Party Temaki Sushi

Zutaten

2 Tassen Reis
2 Tassen kaltes Wasser
35 ml Sushi-Essigwürze
8-10 Nori-Algenblätter

Auflagen:
100 g rohe Thunfischfilets
100 g rohe Lachsfilets
1/2 Avocado
1/2 Gurke
Wasabi-Kren
Sojasauce

Zubereitung

Den Reis waschen und in kaltem Wasser 30 Minuten quellen lassen. Dann zugedeckt bei höchster Stufe zum Kochen bringen. Nach dem Aufkochen auf niedrigster Stufe 15 Minuten kochen und anschließend weitere 15 Minuten zugedeckt ziehen lassen. Die Sushi-Essigwürze vorsichtig unter den Reis heben.
Die Nori-Algenblätter vierteln, die Auflagen in Streifen schneiden, alles auf einer Servierplatte anrichten. Man belegt ein Algenblatt am Tisch nach Belieben mit Reis und den Auflagen und faltet es zu einem Stanitzel, das man in Sojasauce tunkt und mit den Fingern isst.

Zum Kaiserlichen Thron – Zhang & Deng

Zum Kaiserlichen Thron
Zhang & Deng
Restaurant und Teehaus
Hofmobiliendepot.
Möbel Museum Wien

Andreasgasse 7
A-1070 Wien

Telefon und Telefax 00 43 (0) 1 / 526 44 12

Ruhetag: Montag

Die chinesische Kochkunst hat eine mehr als tausendjährige Geschichte. Von den zahlreichen regionalen Küchen Chinas ist die schmackhafteste und variantenreichste die Küche von Sichuan, die auch in China selbst höchstes Ansehen genießt. Diese Küche, die über 3000 verschiedene Gerichte kennt, kann man in bester Qualität im Restaurant „Zum kaiserlichen Thron – Zhang & Deng" genießen, ebenso wie die imperiale chinesische Küche mit ihren wundervollen Gemüseschnitzereien. Der Besitzer und Meisterkoch, Herr Zhang Guozhu, ist einer der bekanntesten Köche Chinas, der nach Jahren intensiver Ausbildung die höchste Stufe in der strengen Rangordnung der chinesischen Kochkunst erreicht hat, nunmehr führend in der Sonderklasse für imperiale Küche ist, und außerdem auf den Titel eines internationalen Richters der chinesischen Küche verweisen kann; ein Titel, der ausschließlich durch Ernennung zur Traditionspflege verliehen wird. In Europa gibt es nur eine Hand voll Köche dieses Niveaus, Herr Zhang ist der einzige in Österreich Tätige. Schon 1984 leitete er die Gastronomieschule für Chefköche in Chongqing. Er war erster Chefkoch in berühmten Restaurants Chinas und ist Mitarbeiter in etlichen Fachpublikationen. 1988 nimmt er mit großem Erfolg am Gastronomie-Wettbewerb der Provinz Sichuan teil und wird daraufhin nach Wien gesandt, um hier die Sichuan-Küche zu präsentieren.

1992 eröffnet er mit seiner Frau Deng Caizhu sein erstes eigenes Lokal in der Stadt, das er schließlich 2003 in die Andreasgasse, inmitten des Hofmobiliendepots, Möbel Museum Wien verlegt. Das moderne Lokal besticht durch seine sparsame chinesische Dekoration, das Teehaus mit der alten Einrichtung des ehemaligen, unter Denkmalschutz stehenden, „Espresso Arabia" von Oswald Haerdtl, und im Sommer durch den wunderschönen Gastgarten, in dem man bis 23.00 Uhr und länger verweilen kann. Der Garten kann auch am Montag (normalerweise Ruhetag) für größere Gesellschaften reserviert werden.

Herr Zhang und Frau Deng ergänzen sich vorzüglich: Während Herr Zhang für die so genannten „roten Speisen" (die heiß servierten Gänge) und die kunstvollen Gemüseschnitzereien zuständig ist, beherrscht Frau Deng das große Gebiet der „weißen Speisen" (Nudel- oder Teiggerichte), der „kalten Speisen" sowie der Desserts ebenso meisterhaft. Auch Frau Deng kann auf eine jahrzehntelange Ausbildung und staatliche Auszeichnungen in ihrem Heimatland verweisen. Durch diese Spezialisierung erreicht das Ehepaar ein Höchstmaß an Qualität und Ästhetik, das seinesgleichen sucht. Das kal findet allseits Anerkennung, wie die Bewertungen in den Gourmetführern zeigen: ein Stern von „À la carte", eine Haube mit 14 Punkten bei „Gault Millau", 78 von 100 Punkten bei „Falstaff", Gewinner bei „Tafelspitz", zwei F bei „Feinschmecker" usw.

Das Spezialitätenrestaurant bietet beste traditionelle Sichuan-Küche, die aber durchaus auch kreativ ist. Ein Besuch empfiehlt sich ab mindestens 2 Personen; ideal wären allerdings 8-10 Personen, entsprechend der Vorliebe der Chinesen, in größeren Tisch-

gesellschaften zu speisen. Das bedeutet viele Gänge mit kleineren Portionen und somit mehr Genuss an der Vielzahl der Geschmäcker. Beispiele des variantenreichen Angebotes: gemischte kalte Vorspeisen, geräucherte Tee-Ente, Gongbao-Riesengarnelen mit Erdnüssen und Chili, Guoba (Reiskrusten) mit Meeresfrüchten oder Hühnerfleisch in scharf-saurer Sauce gekocht, Lammkoteletts mit Kreuzkümmel, Rindfleisch-Streifen vom Lungenbraten, übrigens eine besondere Spezialität der Sichuan-Küche, wie auch die Gemüse, die die Menüs begleiten. Ein feiner Mandelmilch-Pudding könnte als Abschluss dienen. In jedem Fall ist es vorteilhaft, ganze, in sich geschmacklich abgestimmte Menüs zu bestellen; das vollständige Angebot findet man auf der Homepage des Restaurants (die imperialen Menüs mit Gemüseschnitzereien sind zwei bis drei Tage im Voraus zu bestellen).

Bemerkenswert ist auch die ausgewogene Weinkarte, die man ansonsten beim Besuch eines China-Lokals nicht erwarten würde: Ausgesuchte österreichische Weine stehen zu fairen Preisen zur Verfügung und harmonieren bestens mit den Gerichten. Spitzen-Tees aus China und Taiwan sowie die traditionellen starken chinesischen Schnäpse empfehlen sich als Digestiv.

Im Kaiserlichen Thron arbeiten alle Familienmitglieder zusammen, um dem Gast außergewöhnliche, authentische Gaumenfreuden in schöner Umgebung zu bieten – ganz wie in Sichuan.

MM

KIRSCHEN
2.20
YAVUZLAR

JANSPORT

Der Wiener Deewan

Im ersten pakistanischen Restaurant Wiens wurde das „All you can eat“-Konzept um einen sensationellen Punkt erweitert: „Pay as you wish“.
„Iss soviel Du kannst“ betrifft die Currys, Eintopfgerichte mit Lamm, Rindfleisch oder Huhn, sowie jeweils zwei bis drei vegetarische Speisen des im Lauf des Tages immer wieder frisch nachgefüllten Buffets. Exotisch raffiniert werden sie von Afzaal Deewan mit hauseigenen, selbst gemahlenen Mischungen gewürzt. Für das revolutionäre Gesamtkonzept und die Umgestaltung des Lokals vom rustikalen Beisl zu einem schicken, urbanen Lokal im Soho-Style verantwortlich ist Natalie Deewan. „Essen für alle lautet unser Prinzip, möglichst jeder soll sich hier wohl fühlen, vom Lebenskünstler bis zur Managerin.“
Im „Punk Leit Saal“, im schönen Gewölbekeller, sitzen dann auch Banker und Punker Rücken an Rücken und können nach beendetem Mahl auf den Teppichen im hinteren Teil des Lokals („Liegewiese“) oder am Diwan Entspannung finden. Zeichnungen und Kommentare der Gäste finden sich auf den mit Acrylglas verkleideten Wänden im ersten Raum, dem „Graffitti-Gedächtnis“ des Lokals. Das Hauptmerkmal ist aber das „Bezahle, soviel Du möchtest“ – Prinzip. Tatsächlich haben hier nur die Getränke fixe Preise, doch Wasser gibt es ohnedies zu jedem Essen dazu. Das Prinzip begeisterte Medien wie Publikum und sprach sich so weit herum, dass mittlerweile eine Frankfurter Betriebswirtin ihre Diplomarbeit über den Wiener Deewan verfasst. Was wie ein geniales Werbekonzept klingt, ist praktizierte Philosophie: jene, die im Augenblick mehr in die Kassa geben können und dies gerne tun, weil ihnen das Essen schmeckte, unterstützen sozial Schwächere oder gleichen Ebben im Geldbeutel aus. „Man prophezeite uns, wir würden nach einem Monat zusperren müssen. Doch nach wenigen Wochen mussten wir bereits vergrößern, um den Ansturm bewältigen zu können“, lacht Frau Deewan. „Wir werden das so lange

machen, so lange es funktioniert, und bislang klappt es.“ Da der Besitzerin niemals die guten Ideen auszugehen scheinen, wird es den Wiener Deewan wohl noch lange geben.
LG

Der Wiener Deewan
Natalie und Afzaal Deewan

Liechtensteinstraße 10
A-1090 Wien

Telefon 00 43 (0) 1 / 925 11 85

Ruhetag: Sonntag

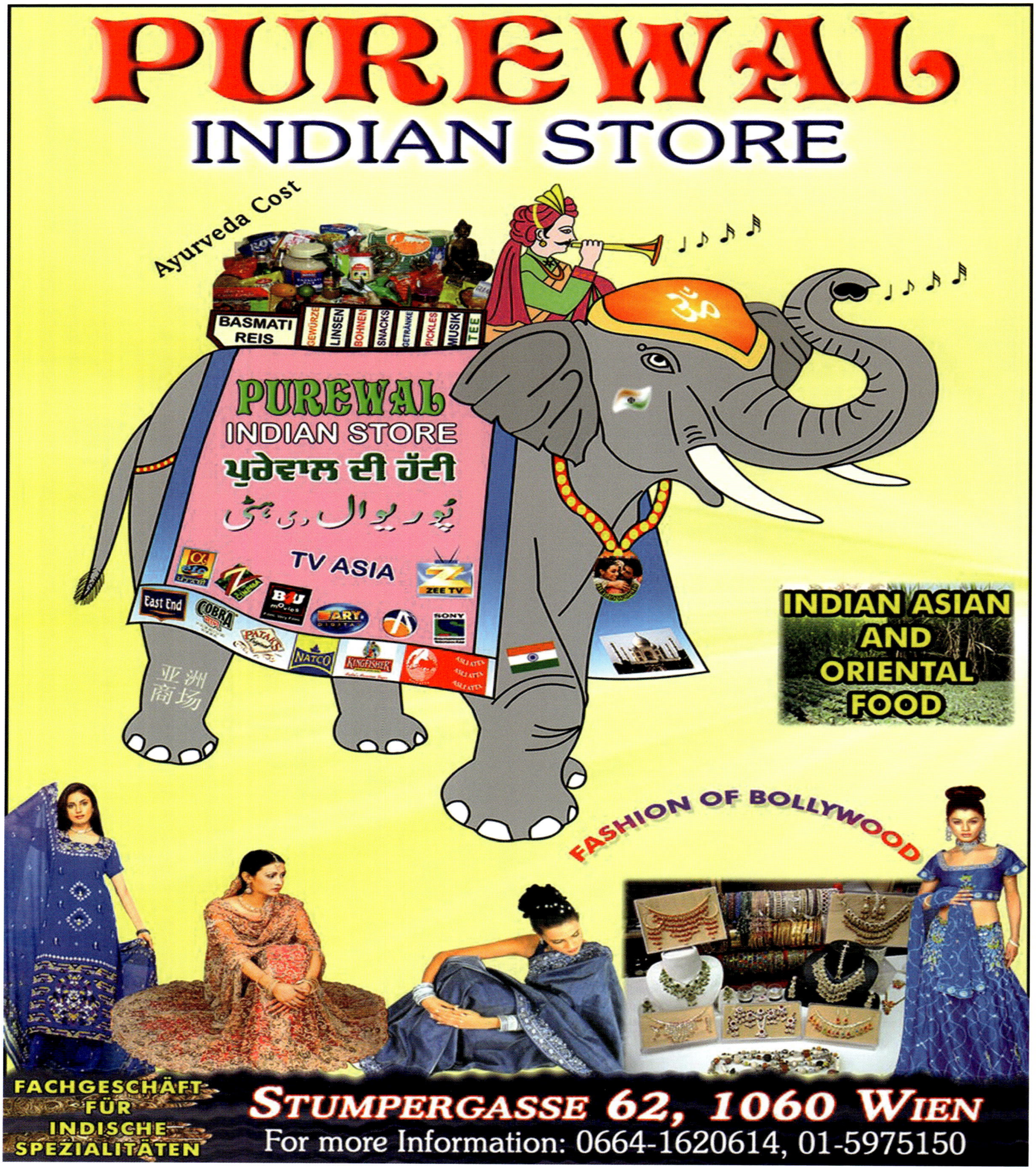
PUREWAL
INDIAN STORE
Ayurveda Cost
BASMATI REIS
GEWÜRZE
LINSEN
BOHNEN
SNACKS
GETRÄNKE
PICKLES
MUSIK
TEE
PUREWAL
INDIAN STORE
ਪੁਰੇਵਾਲ ਦੀ ਹੱਟੀ
TV ASIA
ZEE TV
East End
COBRA
PATAKS
NATCO
KINGFISHER
亚洲商场
INDIAN ASIAN AND ORIENTAL FOOD
FASHION OF BOLLYWOOD
FACHGESCHÄFT FÜR INDISCHE SPEZIALITÄTEN
STUMPERGASSE 62, 1060 WIEN
For more Information: 0664-1620614, 01-5975150

Purewal Store – indische Spezialitäten

Als Surinder Purewal 1975 aus Panjab nach Wien kam, um hier zu studieren, kochte er sein Essen mit drei Gewürzen: Pfeffer, Paprika und Salz. Es gab damals kein einziges Geschäft, das Spezialitäten aus Indien führte. Herr Purewal beschloss, aus der Not eine Tugend zu machen, und eröffnete vor nunmehr 23 Jahren sein erstes Geschäft mit Gewürzen und Gewürzmischungen seiner Heimat auf damals noch sehr kleinem Raum. Mittlerweile kann man seine Produkte in mehreren Geschäften in ganz Wien kaufen. Man erkennt sie am Logo mit dem beladenen Elefanten.
Mehr als hundert Sorten indische Gewürze, dazu fertige Gewürzmischungen, passend zu jedem indischen Gericht, sowie orientalische Lebensmittel, wie eine große Auswahl von Reis (Basmati), über verschiedene Hülsenfrüchte, bis hin zu frischem Gemüse, Ghee, Papadums, Pickles, Chutneys, Snacks, exotischen Getränken, indischem Bier und vieles mehr führt der Inder. Im ältesten und besten indischen Geschäft Wiens findet man natürlich auch das ganze Spektrum ayurvedischer Produkte.
„Die Lagerung der Produkte ist für die Qualität mitentscheidend", sagt Herr Purewal, und lässt seine Kunden, zum Beispiel mit seinen köstlichen Pistazien, die Probe aufs Exempel machen. Sie werden, ebenso wie verschiedene Reissorten, Hülsenfrüchte und ähnliche Produkte, händisch abgewogen. Österreichs Experte für indische Spezialitäten führt neben seiner Zentrale eine Boutique mit Textilien und ein Geschäft für Kunsthandwerk aus dem indischen Subkontinent. Prachtvolle Saris stapeln sich in den Regalen und im Lager, bunte Baumwolldecken, Lenghas, Suits und Tücher, Kleider mit phantasievollen Mustern, Tops, handgefertigte Geschenkartikel, feine Schnitzarbeiten – der Orientalika ist kein Ende. Das Angebot im Purewal Store ist so umfassend, dass für jeden Geschmack etwas dabei ist: Auch Schmuck, wie ihn die Stars aus Bollywood, dem Mekka der indischen Filmproduktion, tragen, funkelt in den Schaukästen. Dessen Produktionen in Form von Entschlüsselungskarten für die indischen und pakistanischen Fernsehstationen, wie etwa ZEE TV, ARY oder DVDs, Videos, Musik CDs und Kassetten sind ebenfalls erhältlich.
Ein Tor nach Indien tut sich hier auf. Mitten in Wien.
LG

Purewal Store –
indische Spezialitäten
Purewal KEG

Stumpergasse 62
A-1060 Wien

Telefon 00 43 (0) 1 / 597 51 50

Ruhetag: Sonntag

Purewal Shop

Lasallestraße 17
A-1020 Wien

Telefon 00 43 (0) 1 / 214 97 39

Zum Inder – Khajuraho Palace

Zum Inder – Khajuraho Palace
Bhupinder Sachar

Burggasse 64
A-1070 Wien

Telefon 00 43 (0) 1 / 523 25 67
Telefax 00 43 (0) 1 / 523 25 67

Ruhetag: Montag und 25. Dezember

Die Moguln, eine Dynastie aus dem islamischen Raum, Nachfahren des Djingis Khan, beherrschten im 14. Jahrhundert den Norden Indiens und beeinflussten nicht nur Architektur, Kunst und Literatur des hinduistischen Indien, sondern auch die, hauptsächlich vegetarische, Küche. „Sie brachten die Fleischkost in das Land", sagt Herr Sachar, der das Lokal „Zum Inder" in der Burggasse im Jahr 1989 gründete und seither seine Gäste mit der Küche der Moguln verwöhnt.

Der gelernte Automobiltechniker kam 1977 nach Österreich und jobbte als Zeitungsverkäufer, bevor er seinen Traum vom eigenen Lokal Wirklichkeit werden lassen konnte. Im Hotel Regina arbeitete er als Oberkellner und wurde zum Gastronomen ausgebildet. Mit diesem Rüstzeug gründete er seinen ersten kleinen gastronomischen Betrieb, damals noch ein Imbissladen außerhalb Wiens. Der Erfolg kam schnell und hielt an, Herr Sachar eröffnete ein Restaurant in Wien und bald schon folgte ein zweiter Betrieb. Lange Zeit betreute er darüber hinaus die erste Klasse der Austrian Airlines Flüge nach Indien.

Er gilt heute als „der" Spezialist für den Mogulstil der Kochkunst in Wien. „Dieser Stil besteht aus einer Mischung von Fleisch und Gemüsegerichten, die mit vielen, hier zum Teil wenig bekannten, Gewürzen verfeinert werden, wie Koriander, Mutterkümmel, Tamarind, Fenugreek, Turmeric und Chili. Aber auch die bekannteren wie Zimt, Muskat, Nelken und Kardamom dürfen nicht fehlen. Deshalb bietet die indische Küche außergewöhnliche Variationsmöglichkeiten und vielfältige Geschmacksrichtungen."

Lamm, Huhn, Schwein, Rind, aber auch Zander und Garnelen sind Grundlage für abwechslungsreiche Gerichte. „Ihren guten Geschmack erreicht man durch langes Marinieren in verschiedenen Gewürzsaucen

aus Joghurt und Zitronensaft." Die Thali Platte mit Gemüse, diversen Fleischgerichten, Salaten, Broten und Reis legen Zeugnis dieser Vielfalt ab.
Gekreuzte Säbel sind ein wiederkehrendes Dekorationsmotiv in dem kleinen Lokal im Erdgeschoss eines alten Bürgerhauses. Die Jugendstileinrichtung des früheren Besitzers wurde um einige indische Elemente bereichert, so stammen die Bezüge mit dem Mangomuster aus Indien, die Marionettenfiguren aus der Provinz Rajasthan. Blickt man auf die Sitar oder den Tanzenden Shiva an der Wand und wird von einem Kellner mit Sikh-Turban und Nehru-Jacke bedient, fühlt man sich fast schon nach Jaipur versetzt.
Zu den Services, die Herr Sachar bietet, gehört auch Catering für 1 bis 1000 Personen und die Vermietung der Räumlichkeiten für Feste jeder Art. Wochentags gibt es zu Mittag ein „Eat All You Can"-Menü. Wer zuhause einmal indisch essen möchte, sollte möglichst davon Abstand nehmen, Currypulver aus dem Supermarkt in den Eintopf zu schütten. Besser, man nützt die Gratis-Zustellung des „Khajuraho Palace". Im Idealfall belegt man jedoch gleich einen Kochkurs bei Herrn Sachar. „Indische Curryspeisen enthalten nämlich mindestens ein Dutzend verschiedener Gewürze und Kräuter. Jeder Koch hat sein eigenes – geheimes – Rezept. Curry, wie man ihn hierzulande als Pulver kauft, ist in der indischen Küche schlichtweg unbekannt."
LG

Tandoori Chicken
(Huhn Tandoori)

Zutaten

4 Hühnerkeulen ohne Haut
150 ml Öl
1/4 l Joghurt
1 große Zwiebel
50 g frischen Ingwer
50 g frischen Knoblauch
1 TL Chilipulver (nach Belieben)
1 TL Salz
50 g Garam-Masala
Saft von 3 Zitronen

Zubereitung

Die Hühnerkeulen halbieren, die Stücke oben mit dem Messer mehrmals einritzen.
Im Mixer den Ingwer, Knoblauch, Salz, Garam-Masala, Chilipulver (wenn man es scharf möchte) und die Hälfte des Öls zu einer Paste vermischen. Die Paste in das Joghurt mit Zitronensaft unterrühren. Die Keulen mit der Paste marinieren und zwischen 4 und 24 Stunden ziehen lassen.
Das restliche Öl in einer Pfanne erhitzen, die klein gehackte Zwiebel darin goldbraun rösten.
Die marinierten Keulen in eine Kasserolle legen, die gerösteten Zwiebeln darüber geben und 35–45 Minuten im Rohr bei 160° langsam grillen.
Auf Basmatireis servieren.

Restaurant Lale

Restaurant Lale
OFKA Gastronomiebetriebsges.mbH
Ali und Helga Karahasan

Franz-Josefs-Kai 29 / Ecke Rabensteig
A-1010 Wien

Telefon 00 43 (0) 1 / 535 27 36

Im Sommer weht Lindenblütenduft in den Gastraum, dessen hohe Türen weit geöffnet und durch Grünpflanzen vom Schanigarten abgegrenzt sind. Die Äste der Linden weisen zum Donaukanal, am gegenüber liegenden Ufer erheben sich die Fassaden innerstädtischer Prachtbauten der vergangenen Jahrhunderte. Als Ali und Helga Karahasan das Restaurant Lale 1990 an der Ecke Franz-Josefs-Kai/Rabensteig eröffneten, war das umliegende „Bermudadreieck" bereits zum Vergnügungszentrum für Trendsetter und Nachtschwärmer geworden. Künstler, Studenten, Intellektuelle und Genießer bevölkern seither die Fußgängerzone rund um die Ruprechtskirche, die älteste Kirche Wiens. Zum Speisen in gehobener Atmosphäre trifft man sich im hohen, denkmalgeschützten Gewölbe des Restaurants Lale, das mit edlen Thonet-Sesseln ausgestattet ist. Den Namen hat das Lokal übrigens von einem Gut, das die Türken vor Jahrhunderten nach Wien brachten, und das früher an den Höfen mit Gold aufgewogen wurde: „Lale" heißt auf Türkisch Tulpe.

Gekocht wird hier vor den Augen der Gäste, die Rohzutaten liegen, für den Gast ebenfalls sichtbar, appetitlich im Glasbüffet. Köstlichkeiten der mediterranen Küche kann man hier durchgehend bis Mitternacht, an manchen Tagen sogar länger, bestellen, wobei der Schwerpunkt auf türkisch-levantinischen Gerichten liegt. Das Restaurant, das auch wegen der aufmerksamen und freundlichen Bedienung so beliebt ist, bietet manche türkische Hausmannskost auf hohem Niveau. Sein Döner genießt zu Recht den Ruf als eines der besten Wiens, es wird, wie das Lale Kebap, aus Kalbfleisch gemacht, während Sis Kebap vom Lamm kommt. Gegrillt wird auf Holzkohle, das Fladenbrot ist hausgemacht und alle Speisen werden auf Wunsch auch als Take-away, zum Mitnehmen, verpackt. Fleischlos glücklich wird man mit Imam Bayildi, das sind mit Gemüse gefüllte Auberginen, eine weitere Spezialität des Hauses.

Wer sich von der Qualität türkischer Pastagerichte überzeugen möchte, sollte die feurigen Penne à la Turca probieren. Auch Fisch und Meeresfrüchte vom Holzkohlengrill oder aus der Pfanne sind im täglichen Angebot. Wenig Gewürze veredeln die Speisen. „In der Türkei würzt man meistens mild. Gewürze sollen nur den Eigengeschmack der Gerichte unterstreichen", sagt Frau Karahasan. „Es gibt viele Gemüsegerichte, die auf sehr phantasievolle Art

zubereitet werden. Typisch für die Türkei ist auch die ungeheure Vielfalt an Gerichten, die bei einem Menü auf den Tisch kommen. Mit einer Vorspeise und einem Hauptgericht ist es, zumindest in der klassischen Küche, nicht getan.“ Die Vorspeisenteller, mit wahlweise warmen oder kalten Spezialitäten vom Houmous über die gefüllten Weinblätter bis zum Sigarabörek und gebratenen Auberginen legen Zeugnis dafür ab und eignen sich großteils auch für den kalorienbewussten Gast. Salate kann man als Speise oder Beilage wählen und für kleine Gäste gibt es jedes Gericht auch im Mini-Format. Mit einem Wein aus dem vielfältigen Angebot – natürlich auch aus der Türkei, Griechenland oder Italien, kann man ein Mahl abrunden. Kein Wunder, dass bei dieser Auswahl auch der Partyservice des „Lale“ exzellent ist. Die Küche hat durchgehend geöffnet, für den kleinen Imbiss zwischendurch oder für den großen Hunger, vor oder nach einem Theaterbesuch etwa, und wer danach noch weiterfeiern möchte, sollte den Aufenthalt im Restaurant Lale mit türkischem Kaffee beschließen. Verdankt Wien doch vor allem die Bekanntschaft mit den köstlichen Bohnen den Osmanen.
LG

Imam Bayildi (gefüllte Auberginen)

Zutaten

4 Auberginen
2 mittelgroße Zwiebeln
2-3 Tomaten
1 Hand voll Petersilie
Butter, Öl zum Braten
Salz, Pfeffer

Zubereitung

Auberginen der Länge nach halbieren, die Schnittflächen salzen und ca. 1/2 Stunde stehen lassen. Dann abwaschen und in Öl allseitig etwas andünsten, danach einen Teil des Fruchtfleisches entfernen.
Für die Füllung brät man die gehackte Zwiebel sowie die geschälten und gewürfelten Tomaten und etwas vom zerkleinerten Fruchtfleisch der Auberginen in Butter an, würzt mit Salz und Pfeffer und fügt gehackte Petersilie dazu. Die Auberginen mit dieser Mischung füllen und im vorgeheizten Rohr bei 175 °C ca. 30 Minuten in einer flachen Backform überbacken.

Donauinsel

Als fast kreisrunder Opal liegt der kleinste Kontinent auf der südlichen, der blauen, Hälfte der Erde mitten im Pazifik. Sein rotes Zentrum mit dem Uluru oder Ayers Rock, einem der größten Monolithen der Welt, ist vom dürren Sandbraun der Wüsten des Outback umgeben. Zu den Rändern hin, wo Mangroven, Orchideen, Flaschenbäume, der allgegenwärtige Eukalyptus und Grasbäume wachsen, schimmert er grün. Umhüllt vom Korallenmeer und dem Pazifischen und Indischen Ozean birgt Australien eine einzigartige Tier- und Pflanzenwelt mit Arten, die es sonst nirgendwo auf der Welt gibt. Der Geografie entsprechend gibt es in Australien außer trockenen Klimazonen auch tropische Palmenstrände, wie feuchte Regengebiete. An Schätzen reich ist Australiens Boden, seine Edelsteine, vor allem Opale, zählen zu den hochwertigsten der Welt. Die land- und seewirtschaftlichen Produkte genießen auf dem Weltmarkt ebenfalls den Ruf allerhöchster Qualität: Die Apfelsorte „Granny Smith" etwa ist die Züchtung einer Australierin namens Smith aus dem 19. Jahrhundert. Mit seiner Schafzucht, einer der landwirtschaftlichen

Hauptzweige, deckt der Kontinent einen Großteil des weltweiten Wollbedarfs und neuerdings setzt sich Wein, zum Beispiel aus dem Barossa Valley, Margaret River, dem Yarra Valley, dem Hunter Valley und Tasmanien als Exportartikel immer mehr durch.
Konkurrenz erhält er ausgerechnet durch Bier, das Lieblingsgetränk erwachsener Australier, das hier ohne Schaum serviert wird. „Two Dogs" heißt die „Brew" aus Zitronen, die köstlich erfrischend sein soll und zuerst in den Pubs rund um Adelaide gezapft wurde. Doch der Erfolg sprach sich binnen kurzer Zeit herum, und „soon it was in the bottles!" Ein echter Australier lässt sich dazu zum Dinner, seiner Hauptmahlzeit, Kängurufleisch, Wasserbüffel oder Emu munden, Krokodil soll ebenfalls harmonieren. Barramundi und Red Snapper ragen als landestypische Fischspezialitäten hervor. Nicht nur Feinschmecker, sondern auch Heilkundige schwärmen vom Honig des Kontinents, der durch die einzigartige Flora ein besonderes Aroma besitzt.
Die australische Küche der Einwanderer wird ihrem multikulturellen Ruf in jeder Hinsicht gerecht. Die Auswahl an Seafood-Restaurants ist vor allem in den Küstenstädten groß, aber auch Pizza und Pasta, asiatische Take-Aways, amerikanische Schnellimbissläden, Griechisches und Levantinisches werden geboten. „BYO" („Bring Your Own")- Schilder an Restaurants sind eine australische Eigenheit, hier darf der Gast seine eigenen alkoholischen Getränke mitbringen, da das Lokal keine Ausschankgenehmigung besitzt, was sich allerdings bei dem beliebten Barbecue, oder BBQ, wie es auch geschrieben wird, erübrigt. So heißt der zwanglose Grilltreff quer durch die Gesellschaftsschichten an öffentlichen Plätzen. Gerade dort gewinnt zurzeit die ursprüngliche Nahrung der Aborigines, der australischen Ureinwohner, zu

nehmend an Beliebtheit: Chutneys aus pfirsichartigen Quandongs werden nach traditionellen Aborigine-Rezepten zubereitet, Akaziensamen geben ein herrliches Eis und gemahlene Flaschenbaum-Blüten ein hervorragendes Gewürz.

Aborigines überliefern aber nicht nur außergewöhnliche Rezepte, sondern auch Gararten, die sie seit Tausenden von Jahren anwenden: Geröstet wird auf heißer Holzkohle, in Asche wird gebacken und in Erdöfen gegart. Erdöfen werden in den Boden gegraben, mit Feuerholz gefüllt, auf das Lehmbrocken gelegt, zum Glühen gebracht, glühend herausgenommen und dann auf das zu garende Wild gelegt werden. Erde und Sand bilden den Deckel.

Viele Österreicher haben eine heimliche Sehnsucht nach dem fernen Kontinent, die sie in Boomerang-Clubs, bei Vernissagen von australischen Künstlern, mit Hilfe von Didgeridoo-Klängen oder bei Surfertreffen zu stillen versuchen. Es gibt einen regen Austausch in Wissenschaft und Forschung in fast allen Fachrichtungen.

Ein klein wenig Australien kann man auch in Wien finden, wenn man zum Beispiel bei BBQs in den Donauwäldern über die Bedeutung der Traumzeit in den Mythen der Aborigines diskutiert.

Oder wenn man Schönbrunn besucht. Denn dort kann man einen der seltensten Bäume der Welt bestaunen, eine Wollemia, Zeitgenossin der Dinosaurier, die als ausgestorben

galt, vor einigen Jahren jedoch nahe Sydney entdeckt wurde. Australien machte Österreich eines von insgesamt nicht einmal hundert Exemplaren zum kostbaren Geschenk. Und so hat Austria etwas von Australia, was bislang sonst noch keiner hat!
LG

Damper - Australisches Buschbrot

Zutaten

1 kg Mehl
4–5 TL Backpulver
1–2 TL Salz
1 EL Zucker
200 ml Milch
200 ml Wasser

Zubereitung

Das Mehl mit Salz, Backpulver und Zucker vermischen und in eine Schüssel sieben. Mit der Faust eine Vertiefung formen, Milch und Wasser hinein geben. Das Ganze schnell zu einem Teig verrühren. Falls nötig, zusätzlich Flüssigkeit beifügen, bis eine teigige Konsistenz erreicht ist. Den Teig auf einem Nudelbrett weich kneten, einen Laib formen, oben kreuzförmig einschneiden. Bei etwa 200 Grad 40–45 Minuten goldbraun backen. Klingt der Laib hohl, wenn man gegen den Boden klopft, ist das Brot fertig.
Es gibt zahlreiche Varianten dieses Rezeptes, etwa indem man Milch und Wasser durch Bier ersetzt, Kräuter, Kürbiskerne, Nüsse oder Gewürze beifügt oder das Backpulver und den Zucker weglässt und stattdessen selbst aufgehendes Mehl verwendet. Es kann auch in der heißen Asche eines Lagerfeuers gebacken werden, oder man wickelt den Teig um einen Spieß und gart ihn dann über dem offenen Feuer.

BILLABONG

Billabong
Derby Bar und Gaststätte
Betriebsges.m.b.H

Parkring 4
A-1010 Wien

Telefon 00 43 (0) 1 / 512 10 08

Urlaub machen. In Australien mit seinen Palmenstränden, dem wüsten Outback, den geschäftigen Metropolen, mit den Surfermeilen, dem Korallenriff, den Opalminen, den Krokodilen und Kängurus. Wer diese Sehnsucht kennt, der kann sie in Wien am Parkring wenigstens für einige Stunden stillen und im Billabong bei „australian food and drinks" dem Alltag entfliehen. Das Personal des Bar-Restaurants stammt, wie auch ein Großteil des Stammpublikums, aus Australien oder dem anglo-amerikanischen Sprachraum und vermittelt eine lockere, ausnehmend freundliche Atmosphäre zum Entspannen und Wohlfühlen. Bei einem Foster's oder Strongbow Cider – dem australischen Apfelwein – genießt man die Ungezwungenheit dieses Lebensstils entweder unten im Barbereich, oben auf der Galerie oder im Sommer unter den Markisen im Schanigarten. Die Einrichtung spiegelt die moderne Urbanität des Kontinents wider, mit dekorativen Flaschenregalen aus Glas, dem Plasmabildschirm und Videobeamer, auf denen internationale Sportereignisse übertragen werden. Baseball, Cricket, die Bundesliga, Eishockey und Football, Rugby, die Tour de France, kurz, was immer sich gerade in der Welt des Sports ereignet, wird live von Premiere Sport und Sky Digital übertragen. Jeden Samstag wird darüber hinaus Live-Musik geboten, und freitags legt ein DJ auf. „Billabongs Pub Quiz" ist mittlerweile zur Institution geworden, wobei zweimal im Monat Teams in einem Deutsch und Englisch geführten Wissensquiz gegeneinander antreten und Preise gewinnen können.

Wen der Hunger packt, der wird hier auf typisch australische Weise satt. Billabongs Cut Fries sind haus- und handgemachte Kartoffelspalten und die beliebteste Beilage. Sie können das Kangaroo Filet ebenso begleiten, wie Krokodilsmedaillons, das T-

Bone Steak oder einen der knackigen Salate. Mittwoch ist Burger-Day, Strauß, Rind, Hähnchen, Känguru oder Veggi Burger werden zu einem Spezialpreis angeboten. Bei den Mittagsmenüs hat der Gast ebenfalls die Wahl zwischen einer Fleischspeise (6,50 €) und einer vegetarischen Variante (5,50 €). Wer australisches Feeling pur genießen möchte, sollte sich den Sonntagnachmittag für Billabongs BBQ reservieren, ein „All U Can Eat“ vom Grill in bestechender Qualität.

„Just come and have fun“ lautet das Motto des Billabong. Es könnte für dieses supercoole Lokal kein besseres geben.
LG

Känguru-Filets in Rotwein-Sauce und Cut Fries

Zutaten

8 kleine Känguru-Filets
2 rote Zwiebeln
2 Knoblauchzehen
125 ml Rotwein
Öl zum Braten
8 große Erdäpfel
2 l Öl zum Backen

Zubereitung

Die Zwiebeln schälen, in Scheiben schneiden. Die Känguru-Filets salzen, pfeffern und in heißem Öl beidseitig kurz braten. Aus der Pfanne nehmen und zugedeckt rasten lassen.
Für die Rotwein-Sauce in einer Pfanne 2 EL Öl erhitzen, die Zwiebel darin hell anrösten, Knoblauch zugeben, kurz anschwitzen und mit Wein aufgießen. Die Sauce ca. 10 Minuten köcheln lassen, bis sie etwas reduziert ist. Mit Salz und Pfeffer würzen.
Die Känguru-Filets mit dieser Sauce und Cut Fries servieren.
Für die Cut-Fries Erdäpfel schälen, in dicke Stifte schneiden und trocken tupfen.
Das Öl auf 170-180 Grad erhitzen, die Erdäpfel darin hell backen, herausheben, abtropfen lassen und noch einmal backen, bis sie eine goldgelbe Farbe angenommen haben. Abtropfen lassen.

Reise durch Nord- und Südamerika

Man könnte auf dem Doppelkontinent Amerika zu Fuß fast vom Nordpol zum Südpol gehen.
Vom Kap Columbia ginge es durch die Tundren und Wälder Kanadas, dann an den Rocky Mountains entlang über die Prärie zur mexikanischen Sierra Madre Occidental. Nach Panama erreichte man Südamerika. Wenn man den Amazonas und den brasilianischen Regenwald überquert hätte, durchstreifte man Argentiniens Pampas, bevor man im Westen die Anden sähe. Schließlich könnte man an Patagoniens Südspitze auf Feuerland, beim Kap Horn das Zusammentreffen beider Ozeane, des ruhigen Pazifik mit dem wilden Atlantik, bestaunen. Bei der Versorgungsplanung täte man gut daran, sich an alte Indianerrezepte zu halten. Auf ihren langen Jagden ernährten sich die Ureinwohner Amerikas von Pemmican, was übersetzt in etwa „Reise-Essen für lange Wege" bedeutet. Es gehört zu den nahrhaftesten Lebensmitteln überhaupt, besteht aus getrocknetem, zermahlenem Fleisch, das mit Fett und Beeren vermischt monatelang ungekühlt haltbar ist. Andere berühmte Indianerrezepte sind Lagerfeuergerichte, wie Fisch, der mittels in die Glut gestreuter Kräuter seine rauchige Würze bekommt, Guacamole, eine Avocadopaste, die man mit knusprigen Tortillas anbietet, vor allem Bannock, das Brot der Wildnis, das in einer Pfanne über Lagerfeuer mit Öl ausgebacken wird.
Wenn die Cowboys ihren Hunger in den Saloons der Dörfer stillten, bestellten sie gerne Büffelsteaks, dazu Ofenkartoffel, Bohnen mit Speck und Cole Slaw, den amerikanischen Krautsalat. Jambalaya, den berühmten Reiseintopf mit Meeresfrüchten und Wurst, löffelten sie in der Nähe von Louisiana, Chili con Carne natürlich in Mexiko. In den Ballungszentren Nordamerikas gibt es heute neben dem berühmten „Fast Food" mit weltumspannenden Restaurantketten immer neue Vorschläge und ausgeklügelte Diäten, die auf gesunde Ernährung abzielen. Innerhalb kurzer Zeit finden sie Eingang in

die Speisekarten der gehobeneren, international ausgerichteten Restaurants. Truthahn ist das nordamerikanische Nationalgericht, das traditionell zu Thanksgiving verzehrt wird. Und Kürbisse werden in Amerika keinesfalls nur ausgehöhlt, um zu Halloween schaurige Masken aufzustellen, sondern auch um Suppen, Backwaren, Eintöpfe und Gratins zuzubereiten.
Für viele Österreicher war getrocknetes, ungewohnt streng riechendes Büffelfleisch die erste Begegnung mit nordamerikanischer Küche, als nach dem Zweiten Weltkrieg Versorgungsnot herrschte. Mittlerweile sind Hamburger und Apfeltaschen nach amerikanischen Rezepten das absolute Lieblingsessen vieler junger Österreicher. Und eine berühmte amerikanische Kaffeehauskette konnte sich sogar in Wien ganz problemlos etablieren.

Das Amerikahaus mit Vorträgen, kulturellen Veranstaltungen, einer guten Bibliothek sowie einer Auswahl an internationalen Zeitschriften und Info-Datenträgern, ist ein beliebter Treffpunkt. Zahlreiche Amerikaner arbeiten bei einer der internationalen Organisationen, in einer der internationalen Schulen oder Firmen, die in Wien ihren Sitz haben. American Football konnte sich in Österreichs Sportwelt längst durchsetzen,

Marshmallows im Feuer

das English Theater bietet Stücke in Originalsprache an und im Burgkino laufen Kinofilme ebenfalls im Originalton. Auch eigene Radiosendungen von und für Native Speaker werden regelmäßig ausgestrahlt.
Die us-amerikanische Szene in Wien ist also sehr lebendig.
Zudem ist Latein- und Südamerika präsent. Es gibt Lokale, die sich auf diese Kultur spezialisiert haben, Shows, wie Live-Musik aus diesem Kulturkreis anbieten und natürlich auch auf die kulinarischen Spezialitäten, die Empenadas, Tacos und den Kokospudding nicht vergessen.
In Südamerika kultivieren mancherorts noch Indios nach traditionellen Vorschriften der Schamanen die wichtigste Kulturpflanze des Regenwaldes, Maniok. Trotz des heißen Klimas türmen sich zum Teil jedoch fettreiche Fleischberge auf den Platten, nur in Chile findet man hauptsächlich maritime Kost. Die Kokosnuss ist Grundstoff vieler Süßspeisen, ihre Milch würzt aber gleichfalls Fleisch- und Geflügeleintöpfe.
Wer Glück hat, lebt in Wien beim Brasilianer „um's Eck" und kann dort köstliche Fruchtcocktails zu Sambarhythmen genießen, zu denen der Wirt das Pandeiro schlägt. Wenn es sich ergibt, auch im Drei-Viertel-Takt.
LG

Mexikanisches Lokal an der Copa Cagrana (Donauinsel)

Rocky Docky's Western-Steak-House

Aus dem Saloon dringt leise Countrymusik. Die Schwingtüren zittern leicht und die Versuchung ist groß, hineinzugehen und sich an der Bar vor dem verspiegelten Flaschenregal ein Anheuser Bush zu genehmigen. Aber der alte silberne American Heater im Sheriff-Office und der darüber hängende historische Revolver laden zu einem Erkundigungsgang in Wiens erstem Western-Steak-House, das 1993 eröffnete, ein. Die Miniaturausgabe einer Hauptstraße eines Westerndorfs ist mit alten Ziegeln gepflastert, die uneben sind, als wären Pferdehufe über sie getrampelt. Gleich hinter dem Office des Sheriffs kann man im „Jail", im Gefängnis also, hinter Gittern speisen. Ein Revolverheld versuchte wohl einen Ausbruch, die verbogenen Eisenstäbe des Fensters weisen jedenfalls darauf hin. Noch weiter hinten ist der Pferdestall, eine Tenne aus Holz, die mit Rinderschädeln, echten Kuhfellen und einer ausgestopften Klapperschlange dekoriert wurde. Die meisten Schaustücke des Rocky Docky's sind Originale, die in Amerika erstanden wurden. Die „Rocky Docky News" berichten auf vergilbten Blättern gut recherchiert über die Geschichte des Wilden Westens und natürlich davon, was die Küche zu bieten hat. Es sind typisch amerikanische Genüsse mit Steaks, Chicken Wings, Chuckwagon Beans – das, was den Cowboy nach einem langen Ritt durch die Prärie satt machte eben. „Wir beziehen unser Fleisch aus Amerika", sagt Hermann Bauer, Mitbegründer des Restaurants. „Das ist qualitativ hochwertiger, denn es stammt von Weiderindern, nicht aus Stallhaltung. Diese Tiere bewegen sich viel und ernähren sich artgerecht, das Fleisch ist darum zarter, weniger fett und für Steaks viel besser geeignet." Ein richtiges Steak verträgt keine Gewürze, außer etwas Salz, um den sehr guten Eigengeschmack des Fleisches nicht zu überdecken. Die Art des Garens macht ebenfalls einen großen Unterschied. Da sie am besten vom Grill schmecken, ist der Lavasteingrill im Rocky

Rocky Docky's
Western-Steak-House
Hermann Bauer

Rückertgasse 39
A-1160 Wien

Telefon 00 43 (0) 1 / 480 32 16

Ruhetage: Sonntag, Montag

Docky's entsprechend groß und steht mitten im Restaurant, gleich gegenüber des Brunnens mit dem Salatbüffet, an dem der Gast sich selbst bedient. Auch die Zuspeisen die „Side Orders" wie Ofenkartoffel und Gemüse, Reis und Mais können ganz nach Gusto bestellt werden. Es gibt monatlich wechselnde „Specials" in großer Vielfalt.
Doch fehlt da nicht etwas, um die Illusion einer Westernstadt perfekt zu machen? Die Goldgräber – waren sie nicht diejenigen, die den Mythos mitbegründeten? Der Gast wird auch sie entdecken, allerdings nur, wenn er die unteren Gewölbe aufsucht, um sich zu erfrischen. An der alten Stars and Stripes-Flagge mit erst 48 Sternen vorbei, geht es hinunter ins Bergwerk, in dem ein Hunt seine Geröllbrocken transportiert.
Und die Sioux, die Comanchen, die Kiowa, die Cheyenne? Auch sie sind natürlich da, zumindest symbolisch. Ihre Federkronen entdeckt, wer in die Winkel des Lokals schaut oder sich in Sheriff's Office niederlässt und eine alte Originalfotografie von ernsten Menschen betrachtet. Oder wer das Lokal betritt. Denn ein indianischer Traumfänger gibt den Weg in den Wilden Westen frei.
LG

Striploin Steak with Chuckwagon Beans and Baked Potato

Zutaten

4 zarte Beiriedsteaks (ca. 250 g)
Salz, Pfeffer aus der Mühle
Evt. Öl zum Braten

Zubereitung

Steaks am Rand einschneiden, um ein Einrollen zu verhindern, dann entweder in etwas Öl in einer Pfanne scharf anbraten oder auf den Grill legen. Hitze auf mittlere Stufe reduzieren und zwischen 2 und etwa 12 Minuten braten, je nach Garungswunsch.

Chuckwagon Beans

Zutaten

400 g weiße Bohnen
200 g rote Kidney-Bohnen
200 g Bauchspeck
50 g Tomatenmark
1 Bund Petersilie
ca. 0,4 l Rindssuppe zum Aufgießen
Salz, Pfeffer, Majoran, Kümmel gemahlen, Knoblauch und Chilipulver

Zubereitung

Bohnen über Nacht in kaltem Wasser einweichen, dann bissfest kochen und abseihen. Speck grobblättrig schneiden, mit etwas Öl knusprig anbraten, Tomatenmark kurz mitrösten, dann die Bohnen dazugeben und mit Rindssuppe aufgießen. Mit den Gewürzen abschmecken, noch 10 Minuten kochen lassen – nach dem Anrichten reichlich mit frisch gehackter Petersilie bestreuen. Dazu serviert man Ofenkartoffeln mit Sauerrahm-Dillsauce.

Champions American Sports Bar & Restaurant

„Good Food. Good Times. Good Sports.“ So lautet das prägnante Motto der Sport-Bar im Vienna Marriott Hotel.

Das gute Essen ist zum Großteil amerikanisch. Caesar's Salad, Tex Mex, Rumpsteak oder Hamburger werden vom Team des Küchenchefs des 5-Sterne-Hotels am Ring, Wolfgang Kaiser, mit aller Sorgfalt nach original amerikanischem Vorbild zubereitet.

Die guten Zeiten beginnen schon beim Anblick der Theke, wo sich ein Zapfhahn an den anderen reiht und dem Gast gleich zehn nationale und internationale offene Biersorten zur Wahl stehen.

Jim Martell, ein amerikanischer Gastronomieprofi mit einer Vorliebe für Sport, verband gekonnt die Pub-Gemütlichkeit mit der vibrierenden Atmosphäre einer Sportlerlounge. Holz und Messing, verspiegelte Flaschenregale, sowie bequeme Barhocker mit Rückenlehnen laden zum Verweilen inmitten von authentischen Sportutensilien ein, die einmal dem ein oder anderen der ganz Großen des Sports gehörten. Larry Birds überdimensional anmutendes grasgrünes Dress hängt in einer Vitrine, ein Foto von Dennis Rodman samt Autogramm prangt im Fenster, und hinter Glas wirken George Foremans gewaltige Boxhandschuhe hier beinahe wie ein Kunstobjekt. Sich an große Kämpfe zu erinnern, während man an Andi Goldbergers unglaublich langen Sprungskiern lehnt und dabei John McEnroes zerfleddertes Racket im Blick zu haben, das hat schon was.

Viele der Stars feiern gerne selbst hin und wieder in der Champions Bar, ist doch die Hauptsache in diesem Lokal guter Sport im Hier und Jetzt. Und den kann der Gast von jedem Platz aus live miterleben, denn an

Champions American
Sports Bar & Restaurant
Im Vienna Marriott Hotel

Parkring 12a
A-1010 Wien

Telefon 00 43 (0) 1 / 515 18-0
Telefax 00 43 (0) 1 / 515 18-67 36

den Wänden und von der Decke hängen insgesamt 28 Monitore, auf welchen verschiedene Sportereignisse aus der ganzen Welt zeitgleich übertragen werden können. Im Zentrum des Lokals befindet sich eine Großbild-Leinwand, die den Gästen die Möglichkeit gibt, die sportlichen Highlights bis ins kleinste Detail mitzuverfolgen: die Super-Bowl etwa, Spiele der NBA und NHL, Wimbledon und Kitzbühel, Monte Carlo und Holmenkolm, aber auch regionale Ereignisse aus fernen Ländern – solange sie von einem der internationalen Sportkanäle der Welt übertragen werden. Der tägliche Spielplan wird ausgehängt wie anderswo die Menükarte.
Kein Wunder also, dass nicht nur die Hotelgäste daran ihre Freude haben, sondern mehr und mehr auch lokales Publikum, für das der Besuch in der Champions Bar zu einem ungewöhnlichen „Eatertainment" wird.
Wer bei so viel hochklassigem Sport Lust auf Bewegung bekommen hat, der könnte im Fitness Center des Hotels gleich damit beginnen. Und wer sich selbst oder jemandem anderen eine sportliche Freude machen möchte, kann sogar Gutscheine für gutes Essen, gute Zeiten, und guten Sport erwerben.
LG

„Classic" Quesadilla with Chicken

Zutaten

1 Tortillaboden (30 cm)
2,5 ml Olivenöl
180 g Montery Jack Cheese
30 g Tomaten
15 mg frischer Koriander
30 g Jungzwiebeln
180 g gegrillte Hühnerbrust
45 ml Mexican Salsa
45 ml Guacamole
45 ml Sauerrahm

Zubereitung

Tortilla beidseitig mit Olivenöl bestreichen. Eine Seite am Grill knusprig braten und mit der halben Menge geriebenen Käse, den gewürfelten Tomaten, gehackten Jungzwiebeln, Koriander und der gegrillten Hühnerbrust belegen. Restlichen Käse dazugeben, würzen. Tortilla falten, im vorgeheizten Backofen bei ca. 200°C erhitzen, bis der Käse leicht schmilzt, dann vierteln und mit den Saucen servieren.

Salsa Mexicana

Zutaten

2 frische Tomaten
1/2 Zwiebel
1 Serrano Chilischote
frischer Koriander
Salz, weißer Pfeffer (frisch gemahlen), Apfelessig, Zucker

Zubereitung

Alle Zutaten hacken, gut vermengen und nach Geschmack würzen (scharf).

Guacamole

Zutaten

1 reife Avocado
Zitronensaft
Knoblauch
frischer Koriander
Salz
1/2 Messerspitze Chilipulver
etwas Zucker
1/2 rote Paprika

Zubereitung

Avocado schälen, mit viel Zitronensaft beträufelr und fein hacken.
Mit sämtlichen Kräutern und Gewürzen abschmecken. Paprika fein würfelig schneiden und untermengen.

Sorgenpüppchen

MORGAN BROTHERS
since
1907

Mexicano Mas! & Pancho

Mexicano Más!
Restaurante Coctel Bar

Laudongasse 36 / Ecke Daungasse
A-1080 Wien

Telefon 00 43 (0) 1 / 403 83 24

Mexicano Pancho
Restaurante Coctel Bar

Blumauergasse 1a
A-1020 Wien

Telefon 00 43 (0) 1 / 212 58 69 od. 48

Sonntagsbrunch 10.00–16.00

Zwei Lokale, zwei Konzepte – eine Küche – das ist die smarte Geschäftsidee der Geschäftsführerin, Frau Maria Teicht, die bereits vor rund elf Jahren, gemeinsam mit Ihrem Kompagnon aus Griechenland, Herrn Jannis Martezos, zuerst das Restaurant Pancho ins Leben gerufen hat. Da das Angebot an mexikanischer Küche in Wien nur geringfügigst vertreten war, kam den Gästen diese Lokalinnovation gerade recht und als Jahre später ein großartig eingerichtetes Szenelokal zum Verkauf stand, schlugen die beiden nochmals zu – das Mas! war damit geboren. Beide Lokale sind unterschiedlich von ihrer Architektur her, haben aber eines gemeinsam: die hervorragende Küche, die dem Publikum echte mexikanische Spezialitäten und auch die wenig bekannte köstliche Küche der amerikanischen Südwest-

Küste bietet. Auf der großen Speisekarte kann man neben jedem Gericht auch genau ersehen, aus welcher Region Mexikos oder Südwest-Amerikas die Köstlichkeiten kommen. Um es gleich vorweg zu sagen: In beiden Lokalen gibt es kein Tex-Mex, also kein „auf mexikanisch getrimmtes" Essen, sondern hier wird nach echten Basisrezepten eines mexikanischen Kochs gearbeitet. Daher gibt es auch kein Chili con carne, das nämlich, was nur Wenige wissen, in Mexico gar nicht gegessen wird - dort wird nämlich Fleisch und Chili separat voneinander genossen.

Die einzige Ausnahme bei den Speisen bildet das Black Bean Chili mit Schweinslungenbraten, das die einzige texanische Spezialität ist. Doch kehren wir zu den wirklich mexikanischen Speisen zurück, für die beide Lokale bekannt und geschätzt sind. Die Vorspeisen, Entradas genannt, liefern in ihrer Vielfalt gleich den besten Eindruck einer variantenreichen Küche: Allem voran sind die Totopos, das sind Maistorilla-Chips, mit verschiedensten Dips zu nennen. Man serviert sie mit schwarzem, gebratenem Bohnenmus, mit einer Salsa aus Tomaten, Zwiebeln und Koriander, mit einer leicht scharfen Salsa picante oder mit einer zarten Avocadocreme. Als „Nachos" werden diese Maistortilla-Chips mit Pico de Gallo, das sind klein geschnittene Tomaten mit Chilis und Bohnenmus, die dann mit Käse überbacken werden, gerne als vortrefflicher Einstieg in ein mexikanisches Menü serviert. Auch die Auswahl an Ensaladas lässt nichts zu wünschen übrig: Sei es auf mexicana-Art mit Mais, mexikanischem Dressing und Guacamole oder mit gegrilltem Gemüse und Putenbruststreifen. Derart gestärkt, locken die herrlichen Hauptspeisen. Hier einige Beispiele, die einem das Wasser im Munde zusammenrinnen lassen: Da wären zunächst einmal die Burritos (heißt übersetzt „kleiner Esel"). Die Burritos sind warme, große Weizentortillas, die mit unterschiedlichen Füllungen erhältlich sind: mit Faschiertem, mit Bohnenmus, Avocados, Käse, scharfer Salsa oder gegrilltem, argentinischen Rindfleisch und Gemüse. Unter Fajitas versteht man kleinere Tortillas, die mit gegrilltem Fleisch serviert werden und die man sich mit Salat und verschiedenen Saucen selbst nach Belieben zusammenstellt. Richtige „Fleischtiger" kommen sowohl im Pancho als auch im Mas! auf ihre Kosten, denn hier wird allerbeste Qualität vom berühmten argentinischen Fleisch geboten. Das gegrillte Filetsteak aus dem Rindslungenbraten mit Bratkartoffeln, Salsa special und Maiskolben etwa oder das Steak Hacienda, ein argentinisches Rumpsteak mit 250g, garniert mit Paprika, Zwiebel, Mais, Bohnen und Cheddarkäse, bietet selbst dem allergrößten Hunger Parcli. Alle genannten Gerichte sind mit vielen Varianten erhältlich und es gibt auch, auf die jeweilige Saison abgestimmte, saisonale Updates. Die Dessertkarte lockt mit dem typisch mexikanischen Flan, einem Karamelpudding, einem Kokospudding, einem Teller mit Guaven-Früchten und Schlagobers oder einer, leicht amerikanisch angehauchten, flachen Schokoladentorte.

Es ist bei all diesen kulinarischen Köstlichkeiten nicht erstaunlich, dass selbst die mexikanischen Mitarbeiter der Botschaft in Wien gerne ins Pancho oder Mas! kommen und auch ihre Gäste hierher ausführen, um

ihnen stolz die Vorzüge der mexikanischen Küche zu zeigen.
Bevor wir uns einer weiteren Gemeinsamkeit der beiden Lokale widmen, nämlich einem immensen und zu Recht bekannten, Angebot an Cocktails, streifen wir die unterschiedliche Architektur und Innenausstattung der beiden Restaurants: Das Pancho besitzt eine urige Einrichtung, die viel dunkles Holz in Kombination mit Nieroster verwendet und die durch die zahlreich aufgestellten Kerzen eine heimelige Gemütlichkeit mit warmem Licht und mexikanischem Ambiente schenkt. Quer durch das Lokal sind am Plafond die typisch mexikanischen Fähnchen aufgehängt, die alle aus Seidenpapier, das mit Scherenschnitttechnik bearbeitet wurde, verziert sind. Ein für August 2006 geplanter Umbau sieht auch den Einbau hoher Fenster vor, um auch an heißen Tagen für frischen Luftzug zu sorgen. Das Pancho hat einen kleinen Barbereich und sein Publikum kann man ohne Übertreibung schon als nahezu familiäre Stammgäste bezeichnen, die oft bis zu dreimal pro Woche auf einen kulinarischen Ausflug oder einfach auf ein paar Cocktails vorbeischauen und Freunde treffen. Das Mas! hingegen kann man ohne weiteres als Designerlokal benennen, hat es doch vor circa zehn Jahren einen österreichischen Architekturpreis gewonnen: Die extrem hohen Räume sind straight, schlicht und loftmäßig mit viel schwarzen Möbeln und weißen Säulen hergerichtet. Dass das Mas! dadurch trotzdem nicht kühl wirkt, verdankt es den von hinten beleuchteten Marmorplatten, die sich durch das ganze Lokal ziehen und es mit warmem Licht überfluten. Einer der Hauptanziehungspunkte des Mas! ist sein riesiger Barbereich, der Schanigarten im Sommer und die hohen Fenster, die in den Sommermonaten geöffnet sind und eine angenehm kühle Atmosphäre schenken.
Beide Lokale sind, schon von den Speisen her bedingt, bierlastig, wobei Corona und andere mexikanische Marken bevorzugt werden. Wein steht, in kleiner, aber feiner Auswahl, natürlich zur Verfügung.
Noch ein Atout im Ärmel für Pancho und Mas!: die Cocktails! Eine himmlische

Bistec Mexicano

Zutaten

125 g Beiriedschnitte
1 Zwiebel, gewürfelt
1 Knoblauchzehe, fein geschnitten
je 1/2 gelbe, grüne und rote Paprika, gewürfelt
Jalapeno-Chili, fein geschnitten

Zubereitung

Die Beiriedschnitte wie ein Steak zuschneiden und anschließend in der Pfanne medium braten oder grillen. In der Zwischenzeit die Zwiebelwürfel und die fein geschnittene Knoblauchzehe in der Pfanne rösten. Paprikawürfel hinzufügen, alles zusammen gut anbraten und mit Jalapeno-Chili würzen. Die Sauce über das Steak drapieren. Als Beilage eignet sich Reis.

Auswahl von mehr als 100 Spezialitäten, liebevoll gemixt und dekoriert, steht zur Verfügung. Besonders zu nennen sei der „Brave Bull“ aus 4 cl Mescal, 3 cl Cahluha (Kaffeelikör) mit Zitronentwist auf Eis gerührt oder der Caipiraiha aus Limetten, Rohrzucker, Limejuice, Tequila und crushed ice – Cocktails auf Anfrage werden selbstverständlich auch gerne gemixt.
Nach einem ersten Besuch im Pancho oder Mas! sagt und meint der Gast ganz sicher eines: „Bienvenida!“
MM

Accademia del Caffè 28
Gastronomiebetriebs GmbH
Sunny Cavic
Schimmelgasse 12/2/1
1030 Wien
Telefon 00 43 (0) 1 / 714 18 79
Telefax 00 43 (0) 1 / 714 18 794
www.accademia-del-caffe.at
office@accademia-del.caffe.at

Al Caminetto da Mario 60
Trattoria
Mario Collot
Lanterna Gastronomie Betrieb GmbH
Krugerstraße 4
1010 Wien
Telefon 00 43 (0) 1 / 513 97 79
Telefax 00 43 (0) 1 / 513 95 37
www.alcaminetto.at
caminetto@aon.at

Billabong 106
Derby Bar und Gaststätte Betriebsges.m.b.H
Parkring 4
1010 Wien
Telefon 00 43 (0) 1 / 512 10 08
www.billabong.at
office@billabong.at

Cantinetta Antinori 32
Jasomirgottgasse 3-5
1010 Wien
Telefon 0043 (0) 1 / 533 77 22
Telefax 0043 (0) 1 / 533 77 22-11
www.antinori.it
office@cantinetta-antinori.at

Champions American Sports Bar & Restaurant 114
Vienna Marriott Hotel
Parkring 12a
1010 Wien
Telefon 00 43 (0) 1 / 515 18 - 0
Telefax 00 43 (0) 1 / 515 18 - 67 36
www.champions.at · www.marriott.at
vienna.marriott.info@marriotthotels.com

Da Moritz 58
Restaurant Bar Vinothek
Schellinggasse 6
1010 Wien
Telefon 00 43 (0) 1 / 512 44 44
www.damoritz.at
tisch@damoritz.at

Der Grieche 34
Restaurant
Panos Tsatsaris Ges.m.b.H.&Co KG
Barnabitengasse 5
1060 Wien
Telefon 00 43 (0) 1 / 587 74 66
Telefax 00 43 (0) 1 / 587 72 18
www.restaurant-dergrieche.com
office@restaurant-dergrieche.com

Der Wiener Deewan 95
Natalie und Afzaal Deewan
Liechtensteinstraße 10
1090 Wien
Telefon 00 43 (0) 1 / 925 11 85

Fischrestaurant Bodulo 30
Hernalser Hauptstraße 204
1170 Wien
Telefon 00 43 (0) 1 / 486 43 11
jurasict@yahoo.com

Gallo Nero 36
Ristorante
Speisingerstraße 218
1130 Wien
Telefon 00 43 (0) 1 / 887 21 21 od. 20
Telefax 00 43 (0) 1 / 887 21 21 od. 20
www.gallonero.at
gallonero@aon.at

Ilona Stüberl 40
Maria Fodor
Bräunerstrasse 2
1010 Wien
Telefon 00 43 (0) 1 / 533 90 29
Telefax 00 43 (0) 1 / 533 90 29-6
www.ilonastueberl.at
fodor.maria@aon.at

Kardos 54
Restaurant
Stefan Kardos Gesellschaft m.b.H
Dominikanerbastei 8
1010 Wien
Telefon 00 43 (0) 1 / 512 69 49
Telefax 00 43 (0) 1 / 512 95 89
www.restaurantkardos.com
office@restaurantkardos.com

La Piccola Italia 48
M. & Ibrahim Dis Ges.m.b.H.
Naschmarkt
Stand 661 (Hauptgeschäft),
Stände 552,620 und 618
1060 Wien
Telefon 00 43 (0) 1 / 585 26 68
Telefax 00 43 (0) 1 / 585 26 68

Lale 100
Restaurant
OFKA Gastronomiebetriebsges.mbH
Ali und Helga Karahasan
Franz-Josefs-Kai 29 / Ecke Rabensteig
1010 Wien
Telefon 00 43 (0) 1 / 535 27 36

Le Bol 42
Omar Shoukry
Neuer Markt 14
1010 Wien
Telefon 00 43 (0) 699 / 10 30 1899
www.lebol.at
omar.shoukry@chello.at

Le Salzgries 44
Restaurant
Marc Aurel-Straße 6
1010 Wien
Telefon 00 43 (0) 1 / 533 40 30
Telefax 00 43 (0) 1 / 533 40 30-20
www.le-salzgries.at
Restaurant@le-salzgries.at

Le Siècle 52
Radisson SAS Palais Hotel
Parkring 16
1010 Wien
Telefon 00 43 (0) 1 / 51 517 - 3440
Telefax 00 43 (0) / 1 / 51 22 216
www.vienna.radissonsas.com
LeSiecle.Vienna@RadissonSAS.com

Makossa 76
Brenda's Café Restaurant
Brenda Tuppa
Neustiftgasse 30
1070 Wien
Telefon 00 43 (0) 1 / 957 81 36
Mobil 00 43 (0) 676 / 446 32 39

Mexicano Más! 118
Restaurante Coctel Bar
Laudongasse 36/Ecke Daungasse
1080 Wien
Telefon 00 43 (0) 1 / 403 83 24
www.pancho.at
office@pancho.at

Mexicano Pancho 120
Restaurante Coctel Bar
Blumauergasse 1a
1020 Wien
Telefon 00 43 (0) 1 / 212 58 69 od. 48
www.pancho.at
office@pancho.at

Nippon-Ya Japanmarkt Handelsges.m.b.H. 86
Ayumi Kondo
Faulmanngasse 5
1040 Wien
Telefon 00 43 (0) / 1 58 61 084
Telefax 00 43 (0) / 1 58 68 421
nippon-ya@chello.at

Paolo 62
Ristorante
Paulusgasse 8
1030 Wien
Telefon 00 43 (0) 1 / 713 42 73
www.paolo.at
paolo@paolo.at

Piccini & Piccolo Gourmet 46
Linke Wienzeile 4
1060 Wien
Telefon 00 43 (0) 1 / 586 33 23 oder
00 43 (0) 1 / 587 52 54
www.piccini.at
office@piccini.at oder piccolo@piccini.at

Pressburg 56
Restaurant
Korec und Blazek OEG
Simmeringer Hauptstrasse 96a
1110 Wien
Telefon 00 43 (0) 1 / 74 33 181

Purewal Store 97

Purewal KEG
Stumpergasse 62
1060 Wien
Telefon 00 43 (0) 1 / 597 51 50
purewalk@aon.at

Purewal Shop
Lasallestraße 17
1020 Wien
Telefon 00 43 (0) 1 / 214 97 39

Rocky Docky's Western-Steak-House 112

Hermann Bauer
Rückertgasse 39
1160 Wien
Telefon 00 43 (0) 1 / 480 32 16
www.rocky-docky.at
steakhouse@rocky-docky.at

Sagya African Restaurant 72

Espresso Restaurant Catering
Ibrahim Hakim-Ali Gastronomie OEG
Liechtensteinstraße 130a (U4/U6 Spittelau)
1090 Wien
Telefon 00 43 (0) 1 / 310 90 99
www.sagya.co.at
hakim-ali@sagya.co.at

Teehandlung Joh. Schönbichler 18

Wollzeile 4
1010 Wien
Telefon 00 43 (0) 1 / 512 18 16
Telefax 00 43 (0) 1 / 512 18 16-20
www.Schoenbichler.at
info@Schoenbichler.at

Weltcafé 20

Prugger & Mock GmbH
Schwarzspanierstraße 15
1090 Wien
Telefon 00 43 (0) 1 / 405 37 41
www.weltcafe.at
office@weltcafe.at

weitere Weltläden in Wien:
Weltladen 1010 Lichtensteg 1
(Rotenturmstr./Hoher Markt)
Telefon 00 43 (0) 1 / 535 28 86
Weltladen 1030, Rennweg 85,
Telefon 00 43 (0) 1 / 718 14 14

Weltladen 1050, Kettenbrückengasse 7,
Telefon 00 43 (0) 1 / 890 36 81

Weltladen 1070, Mariahilfer Straße 8,
Telefon 00 43 (0) 1 / 522 8 86

Weltladen 1080
Lerchendfelder Straße 18-24,

Telefon 00 43 (0) 1 / 408 39 96
Weltladen 1090, Schwarzspanierstraße 15,
Telefon 00 43 (0) 1 / 405 44 34

Weltladen 1210
Stammersdorfer Straße 116–120/1/R3,
Telefon 00 43 (0) 1 / 294 81 49

Wok & More 84

Restaurant
Shulin Gao & Zhengmei Zhan
Karlsplatz 1
1010 Wien
Telefon 00 43 (0) 1 / 505 76 03
www.wokandmore.at
office@wokandmore.at

Zimolo 64

Ristorante
Renato Zimolo, Carlo Borelli
Ballgasse 5
1010 Wien
Telefon 00 43 (0) 1 / 512 99 82
Telefax 00 43 (0) 1 / 513 99 78
www.zimolo.at
zimolo@zimolo.at

Zimolos Tapas Bar

Ballgasse 6
1010 Wien
Telefon 00 43 (0) 1 / 513 40 80

Zu den drei Buchteln 66

Wehrgasse 9
1050 Wien
Telefon 00 43 (0) 1 / 587 83 65

Zum goldenen Fisch 82

China Restaurant
Rotenberggasse 4/Ecke Jagdschloßgasse
1130 Wien
Telefon 00 43 (0) 1 / 879 80 99

Zum Inder Khajuraho Palace 98

Bhupinder Sachar
Burggasse 64
1070 Wien
Telefon 00 43 (0) 1 / 523 25 67
Telefax 00 43 (0) 1 / 523 25 67
www.zum-inder.com
zum-inder@chello.at
tonisachar@hotmail.com

Zum Kaiserlichen Thron – Zhang & Deng 88

Restaurant und Teehaus
Hofmobiliendepot. Möbel Museum Wien
Andreasgassse 7
1070 Wien
Telefon 00 43 (0) 1 / 526 44 12
Telefax 00 43 (0) 1 / 526 44 12
www.ZumKaiserlichenThron.at

Impressum

Satz und Layout
ScreenDesign, Landau

Reproduktion
Lithotronic Media GmbH, Frankfurt/Main

Texte
LG – Lily Grynstock, Wien
MM – Martine Maurer, Wien

Fotos
Xenia Bluhm, Wien

Lektorat
Christine Rubick

Karte
Thorsten Trantow, Kenzingen

Herausgeberin
Katharina Többen, Neckargemünd

Druck und Verarbeitung
Druckerei Uhl GmbH & Co.KG, Radolfzell

Printed in Germany
ISBN-10: 3-86528-350-0
ISBN-13: 978-3-86528-350-4

Die Rezepte sind üblicherweise für 4 Personen ausgerichtet.

Besuchen Sie uns im Internet
www.umschau-buchverlag.de

Titelfotografie
Gegrillte Meeresfische mit Fenchel und Tomaten-Kapernbutter, zubereitet im Cantinetta Antinori und fotografiert von Xenia Bluhm.

Wir bedanken uns für die freundlicherweise zur Verfügung gestellten Fotos bei:
Accademia del Caffè (S. 28 links Mitte, S. 29 rechts unten); Ristorante Paolo (S. 29: Food); Zu den drei Buchteln (S. 67 Portrait: fotografiert von Stefan Gergely); Purewal Store – Indische Spezialitäten (S. 96/97); Zum Inder – Khajuraho Palace (S. 99. Food).